# Lecker bissen

GESCHICHTEN UND REZEPTE AUS MEINEM LEBEN IN DER KÜCHE

Lucy Knisley

Eden BOOKS

Wie erinnerst Du Dich an etwas? Und welche Dinge sind Dir am deutlichsten in Erinnerung geblieben?

Ich glaube, dass ich ein ziemlich gutes Gedächtnis habe, vor allem, was Geschichten angeht. Es macht mir Spaß, sie zu erzählen und daran zurückzudenken, wie sie entstanden sind.

Meine lebhaftesten Erinnerungen werden immer zusammen mit der Empfindung wach, wie etwas *geschmeckt* hat.

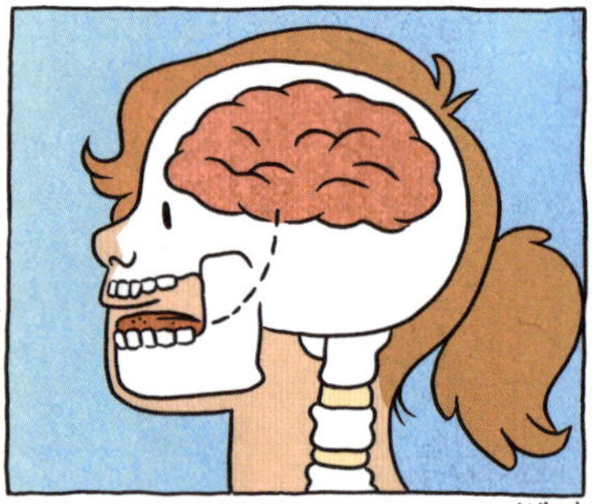

Ich hatte das Glück, umgeben von Köchen und Bäckern, Essern und Kritikern und unvergesslichen Gerichten aufzuwachsen. Meine Erinnerungen haben sich in enger Verbindung mit meinem Geschmackssinn ausgeprägt und ich habe sie zusammen mit Fotos aus meiner Kindheit von gemeinsamen Mahlzeiten gut aufbewahrt.

Wie könnte ich mich an meinen ersten Schwarm erinnern, ohne wieder den Geschmack der roten Lakritz-Schnur auf der Zunge zu haben, die zwischen unseren Mündern hin und her baumelte und in deren Mitte ein Marshmallow auf den Gewinner wartete?

Wie könnte ich mich an meine beste Freundin erinnern, ohne wieder vom säuerlichen Geschmack der Buttermilch überwältigt zu werden, von der wir gleichzeitig einen großen Schluck nahmen – noch nicht mit der Fähigkeit gesegnet zu lesen, was auf der Packung stand.

Wenn ich morgens meine Vitamintabletten nehme, denke ich automatisch an den süßen, kreidigen Geschmack der Vitamintabletten aus der Flinstone-Dose, die ich in einem Moment köstlicher medizinischer Rebellion stibitzte und ganz dicht vorm Fernseher wie Süßigkeiten verschlang.

Wenn ich in meinem Chicagoer Viertel durch die Straßen laufe, weht mir der Duft von frisch gebackenen Tortillas, brutzelnden Bratwürsten und Basilikum, das irgendwo in der Nähe auf dem Fensterbrett wächst, um die Nase. Jeder dieser Düfte weckt Geschmackserinnerungen an eine bestimmte Zeit, eine Reise oder einen Menschen.

Manchmal ist dieses selektive Gedächtnis aber auch frustrierend. Ich kann mich ganz genau erinnern, wie das Honigröhrchen zwischen meinen vom Beerenpflücken verfärbten Fingern aussah und schmeckte. Mein Einmaleins dagegen musste besseren, leckereren Erinnerungen weichen und ist lange vergessen.

Dieses Buch enthält eine Sammlung meiner Lieblingsgeschichten, vollgestopft mit jeder Menge Geschmackserinnerungen, die selbst längst vergangene Erlebnisse wieder aufleben lassen.

Ich hoffe, dass auch Dein Appetit angeregt wird und Du Dich vielleicht selbst an eines dieser besonders leckeren Erlebnisse erinnerst, die Dich geprägt haben.

Kennt man auch als Chai!

Du brauchst:

Ein wahrer Genuss – koffeinhaltig und warm (oder eisgekühlt!)

In einem kleinen Topf 1/2 – 3/4 Liter Wasser aufsetzen und den Herd auf die höchste Stufe stellen.

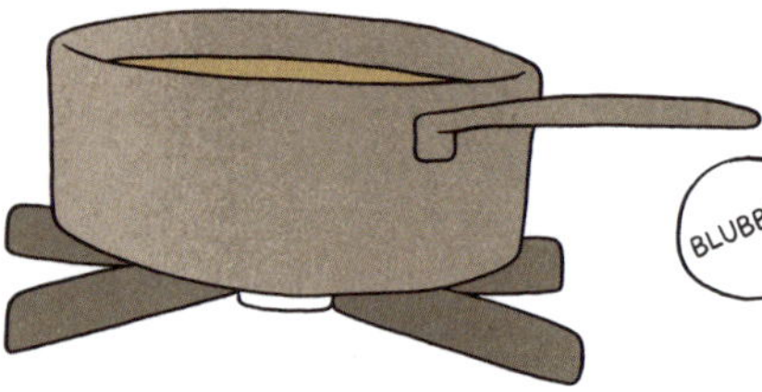

Zwei Teebeutel oder das Teesieb mit Schwarztee dazugeben und erhitzen.

In der Zwischenzeit mit der flachen Seite einer Messerklinge 3 Kardamomkapseln zerkleinern.

1/2 Teelöffel Ingwer reiben oder fein hacken.

Und jetzt ...
1 Anisstern
1 Vanilleschote
Oder einen kleinen Schuss Extrakt
Den geriebenen Ingwer
1 ZIMT-STANGE
6-8 Nelken
DEN ZERSTOSSENEN KARDAMOM
... reinwerfen und umrühren!
Simmern lassen und immer wieder umrühren, bis der Tee eine suppige Konsistenz hat (normalerweise 5 bis 10 Minuten).
Gleich wird es in Deiner ganzen Wohnung nach Weihnachten riechen.
Abkühlen laßen und dann durch ein Sieb in ein verschließbares Glas gießen.
(Die Zimtstange und die Vanilleschote kannst Du wiederverwenden, aber das restliche ausgelutschte Zeug kannst Du getrost wegschmeißen.)
AHORN SIRUP
Nach Belieben Ahornsirup dazugießen ...
Sprich:
Ordentlich!
Das Gefäß mit der Teemischung verschließen und für später im Kühlschrank aufbewahren (hält sich ungefähr eine Woche). (Oder einfrieren, dann hält's länger.)
Den Tee auf die Milch (oder den Milchersatz) gießen, ungefähr Hälfte, Hälfte.
Milch
& GENIESS DEINEN TEE
Vom Teedampf aufgewärmter Keks
Wenn der Tee noch richtig heiß ist, wird er die Milch erwärmen – wenn nicht, stell sie kurz in die Mikrowelle!

# Kapitel 1

## Das *Kind* in der *Küche*

Ich bin als Kind zweier essensvernarrter Feinschmecker aufgewachsen.
BRIE
Meine Eltern können sich sehr wahrscheinlich nicht daran erinnern, wie alt ich bei meiner Taufe war, wohl aber, was ich gegessen habe.
Pochierter Lachs in Sahnesoße
Leicht übertriebenes Taufkleid
Jemand passenderen als einen berühmten Restaurantkritiker hätte ich mir als Taufpaten nicht vorstellen können.
Immerhin wird in unserer Familie nichts so sehr vergöttert wie der kulinarische Genuss und die Dreifaltigkeit von Selbst-Kochen, Essengehen und dem Essen an sich.
Als ich sieben war, gab es auf Kindergeburtstagen immer Cupcakes – *meine* Mutter dagegen rückte mit dem Gasbrenner an!
Dort am Dinosauriertisch karamellisierte sie vor den Augen meiner ehrfürchtig zusehenden Klassenkameraden den Zucker auf einer gigantischen Crème brulée.
Eine Zeit lang arbeitete Mama im Restaurant von David Bouley, wo sie die Blumengestecke arrangierte und bei Veranstaltungen in der Küche aushalf.
Damals konnte sie mich mit zur Arbeit nehmen und so saß ich da und breitete meine Malbücher aus, während sie Lilien zurechtschnitt oder Soßen zubereitete.
Mein Platz auf dem Küchenboden eignete sich hervorragend, um die Kellner und Souschefs zu bezirzen.
Na Kleine, willst du einen Windbeutel?
Meine Favoriten waren die Trüffelmäuse! (In NYC bekommt man sie heute noch – bei Larry Burdick.)

Wir wohnten in einem seltsamen, alten, umgebauten Fabrikgebäude in Downtown Manhattan.
Die Vormieter hatten sich in einem hässlichen Scheidungsstreit getrennt, was die fuchsteufelswilde Frau dazu veranlasste, mit Olivenöl in riesigen Buchstaben „Fred Stell ist ein Junkie und eine Transe“ quer über die backsteinerne Küchenwand zu schmieren.
Jeden Abend machten Papa und ich das Salatdressing. Er stellte sich dann an seinen abgenutzten Hackblock und hob mich auf einen Stuhl.
Von dort hatte ich einen wunderbaren Ausblick auf Mamas mysteriöses Gewürzregal.
Wozu diese seltsamen Pülverchen wohl gut sind?
Mein Vater schüttete einen Schuss Kressi-Essig in den Deckel und reichte ihn mir – vorsichtig, damit ja nichts daneben ging.
Ich hatte es am liebsten, wenn sich die Oberfläche des Essigs schon über den Deckelrand wölbte.
Ich kippte meinen Shot Essig runter wie ein Profi und Papa tat es mir gleich – allerdings nicht ohne das Gesicht zu verziehen.
Den Essig mischten wir mit Dijon-Senf, Salz, Olivenöl und einer Zehe Knoblauch, die Papa mit der Handkante auf dem Hackblock zerdrückte.
knirsch
sel

Um die Ecke von unserer Wohnung lag der Laden von meinem Onkel Peter. Der Peter Dent Store war ein kleiner Lebensmittelladen an der Ecke N. Moore und Hudson. Sein Angebot bestand aus einem Sortiment an Gourmet-Zutaten und hausgemachten Gerichten.

Peters kleiner Laden war ein wunderbarer Ort: Er hatte eine Zinn-Decke, Säulen und riesige Fässer voller Oliven und Cornichons, die so weit oben standen, dass ich nicht dran kam.

Peter beschäftigte in der Küche ein chaotisches Team aus talentierten Künstlern und Rockern.

Viele von ihnen spielten in Punkrockbands, und nicht selten hatte ihre Kunst Vorrang vor ihrem Job im Laden.

Peters damalige Freundin gestaltete Blumengestecke für verschiedene schicke New Yorker Restaurants. Ich erinnere mich noch, wie ich ihr in der kleinen Gasse hinter Peters Küche dabei zusah, wie sie Blätter mit glitzernder Goldfarbe besprühte und zu Patti Smith aus dem Küchenradio mitsang.

Mein Onkel Peter führte mich in die Welt der Austern ein. Ich liebe Austern, es ist, als würde man kaltes, flüssiges Metall schlürfen. So ungefähr, wie ich mir vorstellte, dass der T-800-Roboter aus „Terminator“ schmecken musste, nur salziger.

Peter holte ein Netz voller brauner Steinklumpen hervor und machte mich mit der alchemistischen Praxis vertraut, mit der sich ihre Geheimnisse entschlüsseln lassen.

Geduldig zeigte er mir, wie man die Auster in einem Nest aus Geschirrtuch hält, um sie dann an ihrem spitzen Ende mit der Messerspitze aufzubrechen. Wenn sie sich widerwillig öffnet, muss man seine Freude über den Triumph zunächst noch zügeln, um nichts von dem kostbaren Salzwasser aus der Auster zu verschütten.

Austern zu knacken erfordert viel Muskelkraft, sodass ich früher nicht wirklich gut darin war. Aber inzwischen kann ich mich in Sachen Schnelligkeit und Präzision schon fast mit Peter messen.

Das testen wir bei fast jeder Familienfeier, wenn Peter und ich Austern öffnen, bis unsere Hände taub sind und unsere Kleider nach Ozean riechen.

Mamas Freunde, Künstler und Köche, kamen regelmäßig zusammen, um Dinnerpartys zu veranstalten und bei der Gelegenheit neue Sachen auszuprobieren..

Aus dieser Tradition entstand die Osterfeier. Jedes Jahr lädt meine Mutter ihre Freunde und Kollegen zu sich nach Hause in Rheinbeck, NY, ein. Dann wimmelt es in Haus und Garten von Köchen, Bäckern, Restaurantleitern und Caterern.

Das kulinarische Ergebnis ist so enorm und köstlich, dass die Party inzwischen seit über zwanzig Jahren stattfindet.

Anfangs, bevor die Party zu groß für das Haus und in den Garten erweitert wurde, fanden die Abendessen an einer Tafel statt. Ich kann mich ganz besonders an ein Ostern erinnern, an dem Mama die französische Küche zum Hauptthema erklärte.

Die Gäste brachten riesige Soufflés, Entenconfit und echte Baguettes mit, die sie am selben Morgen gebacken hatten. Aber die Krönung der Mahlzeit war die Vorspeise, die Mama gemacht hatte: Geschmorte Foie gras auf Rucola aus dem eigenen Garten.

Es war meine erste Begegnung mit der Gänsestopfleber (nicht dass ich damals schon gewusst hätte, was sich dahinter verbarg). Nachdem ich meine Portion aufgegessen hatte, drehte ich meine Runden um den Tisch und bettelte bei jedem einzelnen Gast mit Zahnlücken-Lächeln und flehendem Blick um die Reste seiner Portion.

Ich habe meine Kindheit aber nicht damit verbracht, die Decken von Crème brulées mit einem Löffel zu knacken, ...

... viel häufiger habe ich sie serviert.

Ich gebe zu, dass ich unglaublich verwöhnt wurde, aber das kommt eben daher, dass ich „die Aushilfe" war.

Ich empfinde es als ein Riesenglück, dass die Arbeit meiner Familie mich mit so viel Gutem versorgt hat – mit gutem Essen, guten Rezepten und guten Erlebnissen.

Ein riesiges Spektrum an köstlichen Erinnerungen, die mir für immer bleiben werden und meiner Kindheit ihren besonderen Geschmack verleihen.

# THE DENT·FAMILY·PATENTED MARINATED·LAMB

Mein Großvater, Geschäftsmann und Sohn eines Erfinders, starb kurz nach meiner Geburt.

Wann immer meine Familie gemeinsam kocht – vor allem dieses Gericht –, wird die Erinnerung an ihn bei meiner Mutter und ihren Geschwistern lebendig: wie sie um den Tisch versammelt scherzten, während er das Lamm anschnitt, das auf den Punkt gegrillt war.

# DU BRAUCHST:

Eine Lammkeule (im Schmetterlingsschnitt). Du kannst den Metzger Deines Vertrauens darum bitten, sie so zu schneiden. Dabei wird der Knochen entfernt und das Fleisch aufgefaltet. Normal sind es um die 5 Pfund.)

Pass auf, dass sich keine echten Schmetterlinge dazugesellen.

1. „Viele“ (8–10) Knoblauchzehen schälen, zerdrücken und das Lamm damit einreiben. Dann den Knoblauch darüberstreuen und das Lamm in die Pfanne legen.

2. Das Fleisch gründlich mit Olivenöl einreiben, dann mit Minze und Rosmarin einreiben und die Zweige unter das Lamm legen.

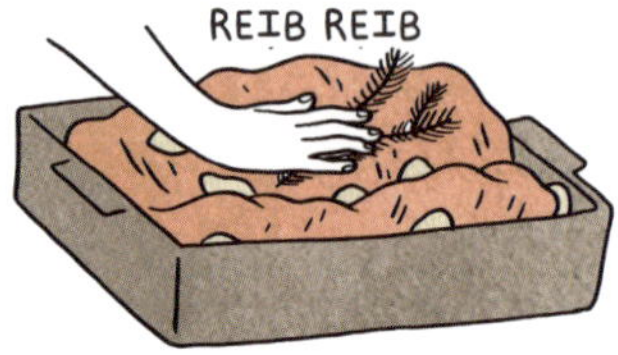


3. Je 250 ml Sojasoße und Weißwein über das Lamm gießen.

4. Dann die ganze Geschichte mit einer dünnen Schicht Honig beträufeln.

5. Das Lamm mehrere Stunden marinieren und dabei gelegentlich wenden.

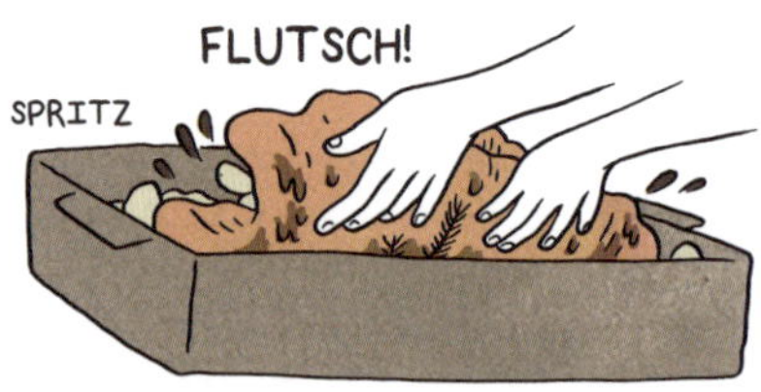

# Entweder

Über heißen Kohlen grillen **oder** bei 230 Grad im Ofen braten …

Den Ofen nach 30 Minuten auf 190 Grad runterschalten.

… bis es perfekt und noch blutig ist! Dieses Rezept ist nichts für Leute, die ihr Lamm durchgebraten mögen – sorry!

Das dauert etwa 30–40 Minuten, je nach Fleisch und Methode.

Achtung! Durch den Honig und das Fett können die Kohlen Feuer spucken.

Ein bisschen angekohlt schadet nicht, aber pass auf, dass es Dir nicht ganz verbrennt.

Wenn es fertig ist, sollte das Fleischthermometer 55–60 Grad anzeigen.

Und schön ruhen lassen, *nachdem* Du es vom Grill oder aus dem Ofen genommen hast (mindestens 20 Minuten!)

Die Temperatur steigt dann noch mal auf 60°–65°.

Widersteh dem Drang, ein kleines Stück abzuschneiden! Sonst geht der Saft verloren!

Seufz. Geduld.

## Aufschneiden

## & servieren!

Jippie!

## Kapitel 2

# LANDHAUS • STADTMAUS

Als Mama mit mir, als ich sieben war, in das wunderschöne New Yorker Umland zog, war ich alles andere als begeistert.

Geborene Manhattanerin, die ich war, konnte ich mir eine Welt, die nicht in Blocks und Viertel aufgeteilt war, nicht vorstellen.

Mama machte sich daran, sich zu akklimatisieren, während ich mich mürrisch meiner Trauer um die verlorene Nähe zum Spielzeugladen FAO Schwarz hingab.

Wir zogen aufs Land, als meine Eltern sich scheiden ließen. Und so kam es, dass Mama, wild entschlossen, ein unabhängiges Leben in der Natur zu führen, mich auf ihren Häuschen-auf-dem-Land-Trip mitschleppte.

Sie hatte die fixe Idee von einem prachtvollen Gemüsegarten, weshalb wir sämtliche Saatgut- und Pflanzenläden im gesamten Hudson Valley abklapperten.

Ich kann mir keinen langweiligeren Ort für ein Kind vorstellen als diese Gärtnereien mit ihrem Gestank nach Dünger und Blumenerde – und nie hat die obligatorisch grantige, Kinder hassende Verkäuferin gefehlt.

Während einer dieser laaangweiligen Unternehmungen nahm sich Mama besonders viel Zeit für die Gartenhandschuhe. Das brachte mein Fass zum Überlaufen.

Wutentbrannt rannte ich aus dem Laden, lief geradewegs über den Parkplatz auf einen Feldweg, warf mit aller Macht und Entschlossenheit meinen Arm in die Luft und schrie:

Wäre dort auf dem Feldweg mitten im Wald tatsächlich ein Taxi vorbeigekommen, hätte ich wohlbehalten nach New York zurückkehren können. Das wäre ihr eine Lehre gewesen!

Mamas Gemüsegarten gedieh und brachte Wunderbares hervor:

Mein Bereich des Beetes (der fast ausschließlich von meiner Mutter gehegt wurde) war voller Kapuzinerkresse.

Alles, was Mama nicht selbst anbauen konnte, besorgte sie bei der Greig Farm …

Ich mochte den Hofladen. Dort kaufte ich mir gern von meinem Taschengeld eine Handvoll Honigröhrchen (mit Honig gefüllte, verschlossene Strohhalme), die ich dann genüsslich auslutschte, während ich (unhygienischerweise) die Milchziegen nebenan streichelte.

Nachdem ich an Gummihandschuhen mit winzigen Löchern in den Fingerspitzen geübt hatte, durfte ich die Ziegen melken. Die Sahne goss ich in Einmachgläser und schüttelte, bis daraus süße, weiche Butter wurde.

In der Erdbeersaison pflückten wir auf Greigs Feldern Erdbeeren für den Markt.

Und Mama kochte Marmelade, bis es im ganzen Haus so betörend roch, dass ich wie benommen durch die Gegend schwebte.

Für die restlichen Erdbeeren, die nicht in der Marmelade landeten, fand ich immer irgendeine kreative Verwendung.

In der Nähe des Erdbeerfelds gab es einen kleinen Teich, an dem ich lernte, Steine übers Wasser hüpfen zu lassen und Frösche zu fangen.
Ums Ufer schlich eine Horde riesiger Gänse mit fiesen, sägeartigen Schnäbeln, die nach meinem Blut dürsteten.
Als ich eines Tages zu dicht an ihrem Nest vorbeischlenderte, reckten sie unter bösartigem Gefauche ihre langen Hälse. Ich wich zurück – doch da war es bereits zu spät!
Die Provinz behrbergt eine Menge Viecher, die einem unbedarften Stadtkind Schaden zufügen können: Kojoten, Luchse, tollwütige Waschbären … Aber keines von ihnen ist jemals mit so gewalttätigen Absichten auf mich losgegangen wie diese Gänse.
HHISS
Kreischend und fauchend jagten sie mich auf einen Baum und geradewegs in ein Hornissennest.
FAUCHHH!
Ich wurde ins Augenlid gestochen, flog wild mit den Armen rudernd von meinem Ast und landete im herrlich duftenden Schlamm …
THUD
… wo ich leichte Beute für die Gänse war. Und die stürzten sich, fauchend und kreischend vor Freude, auf mich.
Hornissen
FAUCH
FAUCH
Hilfe!
FAUCHHH
Irgendwann konnte ich mich befreien. Den Rest des Tages verbrachte ich jedoch mit einer halben Zwiebel auf meinem Augenlid, um den Hornissenstachel hinauszubefördern.
$*#eiß Landleben!
Seit diesem Tag verspeise ich Foie gras mit maximalem Genuss und minimalen Schuldgefühlen.
FAUCHCHCH
MEIN ABENDESSEN!!

Kurz nachdem wir uns auf dem Land eingerichtet hatten, begann Mama auf einem Bauernmarkt zu arbeiten. Sie verkaufte Produkte für die Greig Farm und einige regionale Milchbetriebe.

Ihr Partner war ein Mann namens Kip, der uns die Frucht des Osagedorn-Baums näherbrachte.

Osagedorn-Bäume wachsen überall im Hudson Valley. Ihre Früchte sehen extrem merkwürdig aus: leuchtend grün, von der Größe einer Grapefruit und der Form eines Gehirns.

Sie sind zwar ungenießbar, verströmen aber einen süßen Zitrusgeruch und eignen sich hervorragend als (duftende) Dekoration.

Kip kannte so ziemlich jeden Ort im Hudson Valley, an dem man ungehindert und kostenlos ernten konnte. Die Milchorangen, die wir auf dem Markt verkauften, stammten meist vom Rasen seiner ahnungslosen Nachbarn.

Auf diese Weise sammelten wir auch Goldrute, Weidenkätzchen und eine Frucht, die Kip als „Goldbeeren" bezeichnete, für den Markt.

Bei der Goldbeeren-Ernte pflückten wir die Früchte von den Sträuchern am Wegesrand oder in den Gärten der Anwohner, die sie einfach nicht wertschätzten.

Ab und zu stießen wir auch auf Besitzer, die von unseren Plünderungsaktionen nicht so begeistert waren. Und ein paarmal mussten wir die Flucht ergreifen.

Aber sobald Kip sie mit dem Auto davonfahren sah, schlich er sich wieder hin und erbeutete eimerweise von den kleinen gelben Früchten in ihren papierartigen Hülsen.

Mit der Zeit wurde ich besser darin, mein Stadtkindselbst dem Landleben anzupassen, erreichte aber nie ganz die Mentalität der waschechten Landkinder, für die Dinge wie Tiersterblichkeit ein ganz normaler Teil des Lebens sind.
Das Nachbarskind
Die Hühner, die wir von kleinen, piependen Küken zu bösartigen, schnappenden Monstern aufgezogen hatten, wurden von Waschbären gefressen und ich war tief traumatisiert.
Der Hund schleppte das Bein eines Rehs an, das die Begegnung mit einem Auto nicht überlebt hatte ...
AUGH
Ham!
... und ich sah ihn von da an mit anderen Augen.
Einmal wurde ich wochenlang von Albträumen geplagt, nachdem ich bei einem harmlosen Besuch in Mamas Kühlraum feststellen musste, dass unser Nachbar die Beute seiner letzten Jagd darin aufbewahrte.
Aber ich glaube, es veränderte meinen Bezug zur Welt, zu meinem Körper und zum Essen, zu erleben, dass, was ich aß, nicht auf den Regalen der Supermärkte wuchs.
Ich werde nie vergessen, wie ich herausfand, dass man Mais direkt vom Stängel essen kann.
Warum machen wir uns bloß die Mühe, den zu kochen!?
Natürlich bekommt man in der Stadt vorzügliches Essen. Aber ich bin mir sicher, dass kein Restaurant in ganz Manhattan es mit Mamas Pesto aufnehmen kann, das noch die Wärme der sonnenbeschienenen Basilikumblätter in sich trägt.

# MAMAS PESTO

Man nehme
Pecorino Romano &
Parmesan
OLIVEN-ÖL
Pinien-kerne
Knob-lauch
Salz
Einen Mixer ...
... bis obenhin voll mit Basilikum
und vermische:
„etwas" Olivenöl
Knob-lauch
2 Handvoll
Pinienkerne
1 große Handvoll
Käse
„jede Menge" Salz
S
OLIVE OIL
Während die Maschine arbeitet, Öl nachgießen
bis eine dicke Paste entsteht.
RATTER
Schmeckt köstlich auf Toast, Gemüse
oder ...
... PASTA

# PESTO TIPPS & IDEEN

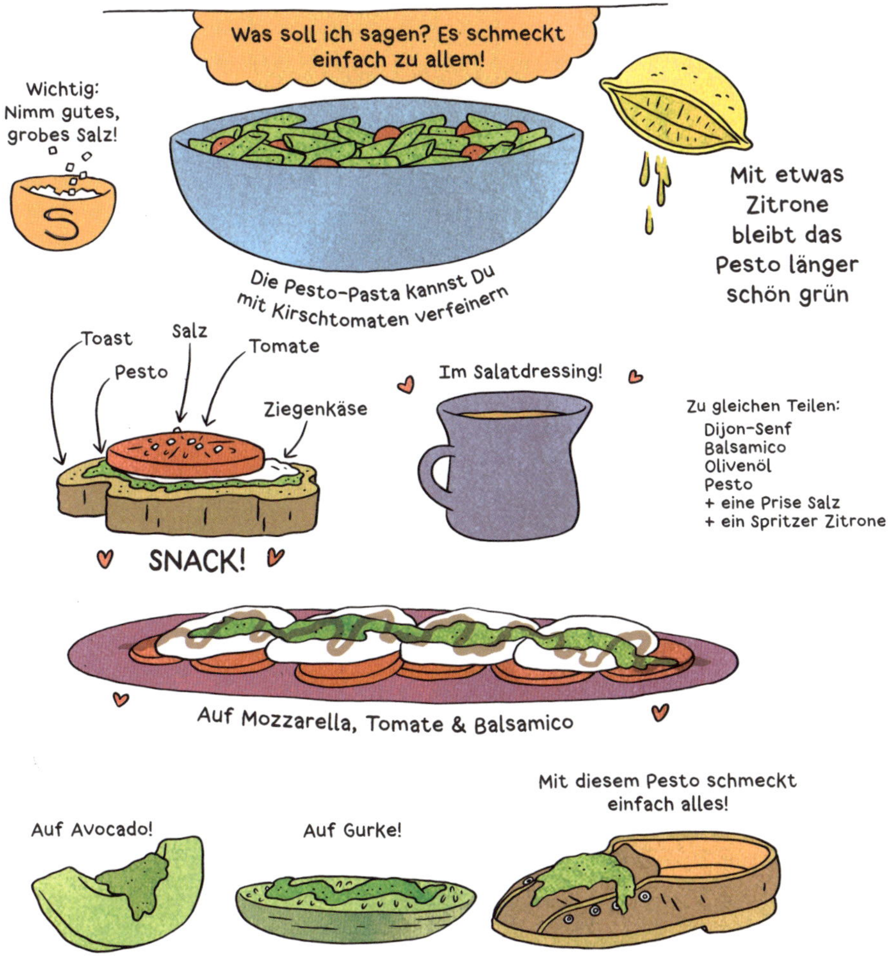

Kapitel 3

# Trostkekse

Eine Zeit lang hielten Mama und ich Hühner im Garten.
Der Stall
Es waren überwiegend Rhode Island Reds, besonders fiese, rotbraune Vögel, die wunderschöne, kleine, kaffeeeisfarbene Eier legten.
Der Hass in ihren Augen ...
Aus den kleinen flauschigen Küken wurden wütende Monster mit spitzen Schnäbeln, die ein unerträgliches Geschrei von sich gaben!
Piep!
Piep!
Wie viele andere, die zum ersten Mal Hühner halten, schaffte sich auch Mama zu viele Hähne an, wodurch der Stall zu einer aggressionsgeladenen und angsteinflößenden Zone wurde.
Kreisch!
Gaak!
Hilfe
Wir mussten die Hähne von den Hühnern runterkicken, bevor sie sie völlig zerrupften!
Kick
Sie kämpften auch untereinander!
Aber als wären die Opfer der Hahn-gegen-Huhn-Kämpfe nicht genug gewesen, brachen auch noch regelmäßig verschiedene hühnermordende Einbrecher ein.
FUCHS
WIESEL
KOJOTE
WASCHBÄR
Fast jeden Morgen wurde ich mit einem erneuten Hühner-Massaker konfrontiert, und das war einfach zu viel für meine zarte Stadtkindseele. Ich fühle mich in der Gegenwart von Hühnern heute noch unwohl.
KEINE WASCHBÄREN, FÜCHSE, WIESEL ODER KOJOTEN!

Schließlich schrumpften Mama und ich die Hahn-Population, indem wir sie an nichtsahnende Nachbarn weitergaben. Die Hühner – ein ehemals terrorisierter und unterdrückter Haufen – bedankten sich, indem sie tonnenweise Eier legten!
Mama versuchte mit der endlosen Eierzufuhr Schritt zu halten. Es gab Omelettes und Rührei, Huevos Rancheros, Frittatas, Quiche und selbst gemachte Mayo.
Als ihr Repertoire an leckeren Eiergerichten erschöpft war, fing sie an, wie verrückt zu backen. Im selben Rhythmus, in dem die Hühner Eier legten, zauberte sie Gebäck.
THE BOOK OF BAKING
Während sie arbeitete, hielt ich mich – nicht ganz uneigennützig – dicht an ihrem Ellbogen, wo die Wahrscheinlichkeit, einen klebrigen Rührstab oder eine Schüssel mit Teigresten abzugreifen, am größten war.
Makronen
Kuchen ohne Mehl
Ingwerwaffeln
Dulce de leche
Sie fing an, riesige Haferplätzchen mit Rosinen zu backen und butterweiche Gewürzkekse mit Zuckersirup fürs Kunstfilmkino, die dann bei den Vorstellungen verkauft wurden (das macht sie heute noch).
Sie mag am liebsten Pekannussplätzchen aus Mürbeteig und Russische Hochzeitskekse mit Mandeln, die auf der Zunge zergehen.
Ich liiiebe die
Ich mochte die guten alten Chocolate-Chip-Cookies, die Mama aber langweilig fand – was so viel hieß wie: Wenn ich welche wollte, musste ich sie selber backen.
THE BOOK OF BAKING

Meine eigene Küchenlaufbahn begann also damit, dass ich die feine Kunst erlernte, Chocolate-Chip-Cookies zu backen.
Ich habe häufig die Schule gewechselt – und als „die Neue“ hielt ich mich immer ein wenig abseits. Meistens steckte ich meine Nase in irgendein Comicheft.
Aber mit dem Backen hatte ich eine Möglichkeit gefunden, mich allein zu beschäftigen.
SUGAR
Es war ein tröstliches Ritual gegen meine Nervosität, das außerdem satt machte. Ein kleines bisschen Selbstständigkeit mit einem Hauch Gefahr.
Ah, der Ofen! Wie cool.
Und wenn ich meinen neuen Klassenkameraden selbst gebackene Kekse mitbrachte, war auch das Eis schneller gebrochen.
Seitdem habe ich mich in stressigen Zeiten so oft der Rührschüssel zugewandt, dass ich das Backen quasi blind beherrsche. Es ist einfach unglaublich beruhigend – zu wissen, dass ich wenigstens EINE Sache gut kann, auch wenn ansonsten vielleicht gerade alles schiefläuft.
COFFEE
SUGAR

Trost & Tradition
Ich machte:
Chocolate-Chip-Cookies mit Mandeln
Weiche Bourbon-Kugeln mit Schokostückchen
Vegane Varianten: mit Johannisbrot-Splittern und Ahornsirup
Ingwer-Muskat-Plätzchen mit Zartbitterschokolade
Chocolate-Chip-Erdnussbutter-Kekse
Dünne Zimtplätzchen mit Schokolade in der Mitte
Chocolate-Chip-Cookies mit Kakao und kräftiger dunkler Schokolade (97%)
Weiche Mini-Chocolate-Chip-Cookies als Proviant für Roadtrips
Große Chocolate-Chip-Scones mit Honig
Feines, hauchdünnes Teegebäck
Karamellkekse mit großen Schokostücken
Krümelige Nussplätzchen, mit Puderzucker bestäubt
Wenn ich die Zutaten für Chocolate-Chip-Cookies raussuche und verrühre, hat das die gleiche beruhigende Wirkung auf mich wie der Film „The Sound of Music".
Lucy, Ein Huhn ist tot – Kannst du sauber machen? xo Mom
The Sound of Music
Mama findet meinen Keks- und Filmgeschmack klischeehaft und macht sich gern über mich lustig, aber wenn ich mies gelaunt bin, ist es alles, was ich brauche.
Perhaps I had a wicked childhooood …
Damit das funktioniert, sollte man vor dem Nazi-Teil ausschalten.

# Kekse

Manchmal
sind es die einfachen Dinge,
die am besten trösten.

Meine Mutter mag über die fantasielosen Chocolate-Chip-Cookies spotten, aber wenn sie sie doch mal macht, sind sie immer überragend.
VOLLKOMMEN
Nach all den Jahren, in denen ich ritualartig löffelweise schoko-gesprenkelten Teig auf Backpapier verteilt habe, übertrifft sie mich im Cookiebacken noch immer.
UNVOLLKOMMEN
VOLLKOMMENER DENN JE
Vielleicht liegt es daran, dass Backen im Gegensatz zu Kochen eher eine exakte Wissenschaft ist.
Mit ihrer ruhigen Hand und ihrem kühlen Kopf ist Mama eine exzellente Bäckerin, sie aber zieht die kreative Freiheit des Kochens vor.
Mama war schon immer gut in Chemie.
Ihr Großvater war ein Erfinder.
Backen ist bei mir zu emotional, zu sehr von der Laune abhängig, als dass ich jemals die Perfektion meiner Mutter erreichen könnte.
KUNST
SCHULE
LIEBE
POLITIK
FAMILIE
GESUNDHEIT
GELD
Aber meine Cookies enthalten diese herbeigesehnte Köstlichkeit, hart verdient durch einen Nachmittag voller Sorgen, die, aufgeteilt in warme, knusprige Portiönchen, nun gelindert sind.

# THE BEST CHOCOLATE CHIP COOKIES

DIE LECKERSTEN CHOCOLATE-CHIP-COOKIES

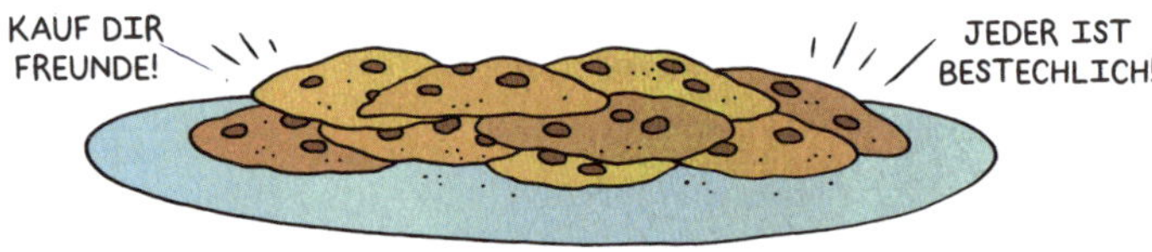


## DU BRAUCHST

AUF 180°
OFEN vorheizen
BRAUNER ZUCKER
BUTTER
ZUCKER
VERRÜHREN!
VANILLE
UNTER RÜHREN NACH UND NACH VANILLE UND EIER DAZUGEBEN
MEHL
1 TL SALZ
BACKPULVER
IN EINER ANDEREN SCHÜSSEL
GUT VERRÜHREN!
TROCKEN
LANGSAM UNTERRÜHREN
FEUCHT
KOKOS-RASPELN
KOKOS UND SCHOKOLADE DAZUGEBEN
DAZU EIN GLAS
MILCH
AUF EIN UNGEFETTETES BACKBLECH GEBEN
GEHEIMWAFFE!
AUF JEDEN KEKS EINE WINZIGE PRISE SALZ STREUEN!
ETWA 10 MIN. BACKEN
10
BIS SIE perfekt SIND!

# Kapitel 4

Wenn meine Generation an typisches Essen aus ihrer Kindheit zurückdenkt, schwelgt sie meist in Erinnerungen an die kulinarischen Freuden gut konservierter Produkte der modernen Wissenschaft.

Ich entdeckte diese kulinarischen Wunderwerke erst lange nach meinen Klassenkameraden.

Und gerade weil sie so fremd waren, hatten sie für mich den Reiz des Verbotenen.

Aber das ist natürlich nicht der einzige Grund, warum ich Junkfood mag.

Junkfood wird allgemein unterschätzt. Und so sehr meine Eltern es auch hassen, wenn ich es verteidige, kann ich es doch nicht lassen.

Mein Körper verlangt in regelmäßigen Abständen nach Salz und Fett, dagegen kann man nichts machen.

Ob man's nun mag oder nicht, wir haben uns zu Zucker und Fett liebenden Salzfanatikern entwickelt.

Den meisten von uns fällt es offenbar schwer, Maß zu halten, aber das ist kein Grund, Junkfood abzuschaffen!

Als jemand, der von klein auf gelernt hat, Essen zu genießen, finde ich es diskriminierend, eine bestimmte Sorte von Essen zu verurteilen, nur weil sie als ungesund und billig gilt.

Schließlich sind auch so manche Delikatessen furchtbar ungesund.

Bei mir zu Hause bereitete größtenteils Mama, der Catering-Profi, das Essen zu.

Wir gingen oft in Restaurants und was ich als Kind aß, war ja auch nach Erwachsenen-Standards schon fast „Haute cuisine".

Meine Eltern denken nur mit Schaudern an die Mahlzeiten aus ihrer Kindheit zurück.

Als Erwachsene entdeckten sie schließlich all die Lebensmittel jenseits des amerikanischen Standardessens, mit dem sie aufgewachsen waren. Von da an rührten sie keine industriell verarbeiteten Produkte mehr an – und beschlossen, ihre einzige Tochter davon fernzuhalten.

Da mir das Lieblingsessen meiner Klassenkameraden verwehrt blieb, entwickelte ich eine enorme Neugier und Lust auf Junkfood – eine Art der Rebellion, mit der ich meine Eltern so richtig schockieren konnte.

Die Entdeckung von Lucky Charms bleibt eine meiner kostbarsten Erinnerungen.

Joe, ein Klassenkamerad aus der Mittelstufe, hatte eine Mutter, die nicht kochte. Ihre Vorratskammer war voll mit Lebensmitteln, die ihr Sohn als Teenager selbst zubereiten konnte.

Darunter waren die süßesten und künstlichsten Frühstückszerealien, die ich je gesehen hatte.

Und bei Joe zu Hause entdeckte ich auch:

Wenn meine Eltern gewusst hätten, was ich bei Joe zu Hause trieb, hätten sie es sehr wahrscheinlich verboten. Doch irgendetwas sagte mir, dass ich ihnen lieber nichts davon erzählen sollte.

Vor allem nicht meinem Vater ...

Papa war in Bezug auf mich schon immer zwiegespalten: Einerseits sollte ich ewig ein kleines Mädchen bleiben, andererseits konnte ich gar nicht schnell genug erwachsen werden und mich für die gleichen Dinge interessieren wie er.

Er ist gelehrt und kultiviert und so hielten sich die Gemeinsamkeiten mit seiner Tochter, einem kleinen Wildfang, in Grenzen.

Er konnte nicht verstehen, warum seine vierjährige Tochter auf Teufel komm raus nicht mit ihm Sushi essen gehen wollte ...

... und war fassungslos, als man ihm verbot, mit seiner fünfjährigen Tochter nach der Oper auf einen Drink in die Weinstube zu gehen.

Den reinsten Horror aber erlebte er, als er einige Jahre später mit mir in den Sommerferien nach Rom reiste: Der Aufenthalt in unserem wunderschönen Hotel auf der Piazza della Rotonda direkt am Pantheon wurde überschattet von der unmittelbaren Nähe zu McDonald's.

Die Scheidung hatte es uns schwer gemacht. Während Mama und ich mehr miteinander zu tun hatten, sah ich Papa nur noch in den Schulferien. Um uns wieder näherzukommen, reisten wir gemeinsam.

Dummerweise hatte ich während dieser Zeit einen Anfall von pubertärer Paranoia und betrachtete die Reise, die mich von meinen Freunden trennte, als Entführung.

Wir stritten.

In Wirklichkeit sind mein Vater und ich uns einfach zu ähnlich – zu empfindlich und stur und verletzlich, um immer miteinander klarzukommen.

Da er nicht vorhatte, sich von meiner Laune den Urlaub kapputtmachen zu lassen, zwang er mich zu einem Marsch durch sämtliche antike Ruinen der Stadt und manövrierte mich in jedes Steinkeller-Lokal, das er finden konnte.

Er bestellte dann Osso Buco (Kalbseintopf mit Tomate) und ich grub mich durch Berge sahniger Spaghetti Carbonara.

Aber auch unsere italienischen Leibspeisen konnten nicht verhindern, dass wir uns die ganze Woche zankten und anzickten, bis wir schließlich die Geduld verloren. Eines Abends ließ er mich mit meinem Trotz und Gejammer im Hotel zurück und ging aus.

Ängstlich und wütend zog ich um Mitternacht allein los und mischte mich unter die Italiener.

Ich ging in eine Bar.

Als ich ins Hotel zurückkam, war Papa immer noch unterwegs. Er kam erst nach mehreren Stunden wieder und ich befürchtete schon, er würde mich für immer in diesem Hotel zurücklassen.

Am nächsten Morgen verließ ich in aller Frühe das Hotel.
Ich ging geradewegs über den Platz zu McDonald's.
Es war zwar noch früh, aber nicht zu früh für einen Burger mit Pommes – warm und vertraut, das Fett fraß sich durch die Tüte und der Duft war der gleiche wie zu Hause.
Ich setzte mich im Hotelzimmer auf den Boden und machte mich über mein Frühstück her.
Das Erste, was Papa beim Aufwachen bemerkte, war mein Essen. Entsetzt fing er an zu schimpfen, wie ich nur in einer der kulinarisch bedeutendsten Städte der Welt Junkfood essen könne.
WIE KANNST DU DAS TUN?!
Mit Genuss.

Unten auf der Piazza gab es in den Cafés unvorstellbare Köstlichkeiten zum Frühstück.

Aber ich aß weiter, leckte mir schadenfroh das Pommessalz von den Lippen und biss genüsslich in die vertraute, dünne Gurkenscheibe, während mir der gelbe Senf übers Kinn lief.

Als ich nach Hause kam, startete meine Mutter, die von meinem rebellischen Frühstück Wind bekommen hatte, eine Schmutzkampagne. Sie versuchte mir weiszumachen, dass das McDonald's-Fleisch aus Würmern gemacht wurde. Mich ließ das völlig kalt.

Und es lässt mich bis heute völlig kalt. Ab und zu, nicht oft, aber ab und zu, brauche ich diese Pommes einfach.
Ach nichts, Mama. Ich esse nur etwas, em ... Toast.
Ketchup!
Das darf sie nie erfahren.
Egal, was die anderen sagen ...
Die sind schuld an der nationalen Fettleibigkeitskrise!
Ich weiß!
Das Essen hat null Nährwert!
ICH WEISS!
Ist ja gut!
Wir würden es nicht essen, wenn es nicht so köstlich wäre.
Mehr als einmal waren diese leuchtenden Bögen ein willkommener Anblick, wenn ich mich in einem fremden Land verloren fühlte ...
McDonald's
Müssen dringend auf die Toilette
... eine Mahnung, dass wir alle trotz kultureller Unterschiede manchmal eine Ladung Trostfett brauchen.

Meine Ernährungspyramide besteht wie bei uns allen aus vielen unterschiedlichen Bausteinen.

Sie ist vielleicht nicht durchgehend gesund und nicht ganz so, wie meine Eltern sie gern hätten. Aber ich finde, für eine Künstlerin in ihren Zwanzigern ist sie doch ziemlich ausgewogen.

Wenn Du mich fragst, verpassen meine Eltern was.

Jeder, der den Genuss von Fast-Food-Pommes oder einem aufgewärmten Supermarkt-Donut nicht zu schätzen weiß, lebt nur ein halbes Leben.

SPAGHETTI
CARBONARA
1/2 PFUND PANCETTA (ODER IN DICKE SCHEIBEN GESCHNITTENER SPECK)
OLIVE OIL
2 EL
4 ZEHEN KNOBLAUCH
1EL BUTTER
1 PFUND
SPAGHETTI
60 ML WEISSWEIN
P
S
3 EIER
PECORINO ROMANO
60g
PARMESAN
120g
2 EL GEHACKTE PETERSILIE
H2O ZUM KOCHEN BRINGEN (FÜR DIE SPAGHETTI)
ETWAS SALZ DAZUGEBEN
DEN SPECK WÜRFELN
DEN KNOBLAUCH IN ÖL UND BUTTER GOLDBRAUN DÜNSTEN.
DIE KNOBLAUCHZEHEN „ENTSORGEN“ (ODER AUF TOAST GENIESSEN!).
EIN GANZ UMWERFENDER DUFT!
DEN PANCETTA IM HEISSEN KNOBLAUCH-BUTTER-ÖL ANBRATEN.
SOBALD DER PANCETTA FERTIG IST, DEN WEIN DAZUGEBEN.
VERSUCH, DEINE GIER NOCH EIN BISSCHEN ZU ZÜGELN UND LASS DIE MIXTUR 2 MINUTEN LANG REDUZIEREN.
DIE SPAGHETTI INS KOCHENDE WASSER GEBEN UND KOCHEN LASSEN, BIS SIE WEICH, ABER FEST SIND.
ISS MÖGLICHST NICHT DEN GANZEN SPECK DIREKT AUS DER PFANNE.
NUR KOSTEN.

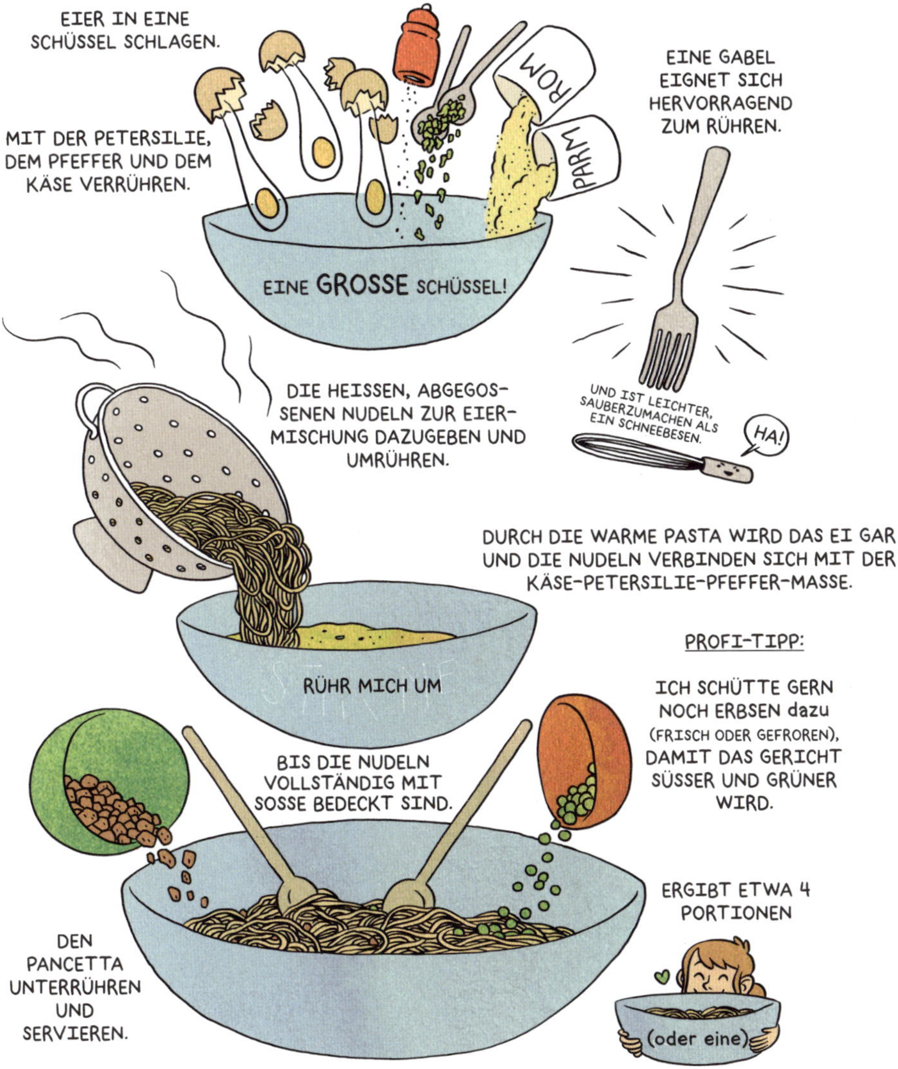
EIER IN EINE SCHÜSSEL SCHLAGEN.
MIT DER PETERSILIE, DEM PFEFFER UND DEM KÄSE VERRÜHREN.
ROM
PARM
EINE GABEL EIGNET SICH HERVORRAGEND ZUM RÜHREN.
EINE GROSSE SCHÜSSEL!
UND IST LEICHTER, SAUBERZUMACHEN ALS EIN SCHNEEBESEN.
HA!
DIE HEISSEN, ABGEGOSSENEN NUDELN ZUR EIERMISCHUNG DAZUGEBEN UND UMRÜHREN.
DURCH DIE WARME PASTA WIRD DAS EI GAR UND DIE NUDELN VERBINDEN SICH MIT DER KÄSE-PETERSILIE-PFEFFER-MASSE.
RÜHR MICH UM
PROFI-TIPP:
ICH SCHÜTTE GERN NOCH ERBSEN dazu (FRISCH ODER GEFROREN), DAMIT DAS GERICHT SÜSSER UND GRÜNER WIRD.
BIS DIE NUDELN VOLLSTÄNDIG MIT SOSSE BEDECKT SIND.
ERGIBT ETWA 4 PORTIONEN
(oder eine)
DEN PANCETTA UNTERRÜHREN UND SERVIEREN.

Kapitel 5

# Auf eigene Faust

Es gab eine Zeit, in der ich größere Reisen nur mit einem Brausepulvervorrat für den gesamten Urlaub antrat.

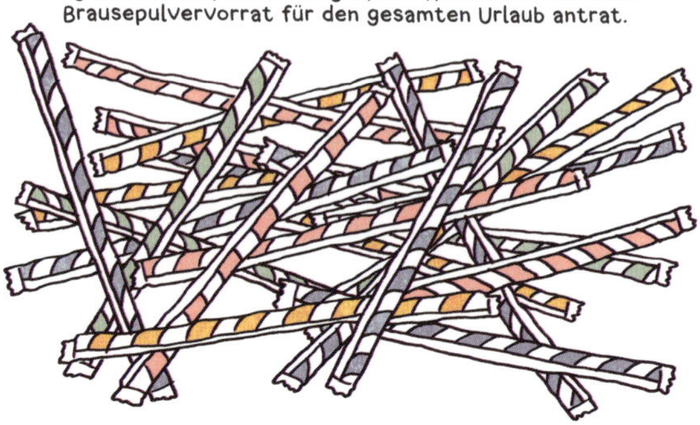

Um auch wirklich auf der sicheren Seite zu sein, kaufte ich mir einen Hunderterpack bunte Brausetütchen.

Drew verstand das als Kampfansage: nämlich die Tüte plattzumachen, bis wir in Mexiko landeten.

Als wir in Florida umstiegen, hatten Drew und ich schon einen ordentlichen Zuckerrausch.

Drews Mutter (Betsy) und meine waren schon seit den Siebzigern dicke Freundinnen. Sie sind zusammen aufs Internat gegangen.

Die Mexikoreise sollte ein feuchtfröhliches Mädelsabenteuer werden, bei dem sich meine Mutter von der Scheidung erholen wollte.

Keine einfache Sache mit drei Kindern im Schlepptau.

Betsys Sohn Drew wurde einen Tag nach mir geboren.
Wir waren schon immer gute Freunde – spätestens seit er sich beim Laufenlernen an meinem Kopf abstützte.
Wie süß!
Ich muss zugeben, dass ich später laufen lernte. Ich war nämlich schlau und wusste, dass sie mich tragen würden, solange ich die Vertikale verweigerte.
Bei unserer Mexikoreise waren wir beide zwölf und ich Jahre davon entfernt, mich von Jungs in meinem Alter zu unterscheiden.
Seufz.
Drews kleine Schwester Mason mit acht (eine richtige kleine Dame)
Weil wir die touristischen Küsten meiden wollten, buchten wir eine Unterkunft in einem kleinen Künstlerdorf mitten in Mexiko.
Mexico
San Miguel
Das Hotel war mit seinen Orangenbäumen im Hof und vielen geheimen Ziegelverstecken ein perfekter Ort für uns.
Wir erkundeten es ausgiebig von oben bis unten (noch immer berauscht vom bunten Zucker).

Als wir ins Zimmer kamen, waren unsere Mütter schon in ihren Betten eingedöst, noch bevor sie sich die erste Runde Margaritas hinter die Binde kippen konnten.

Die Grippe hatte sie in den ersten Stunden ihres Urlaubs voll erwischt und so verbrachten sie die nächsten vier Tage im Bett und beklagten ihr Schicksal.

Nach etwa einer Stunde war klar, dass wir unausstehlich waren, wenn wir uns acht Stunden am Stück mit purem Zucker vollgepumpt hatten. Also bekamen wir je eine Handvoll Pesos und wurden von unseren Müttern mit letzter Kraft aus dem Hotel gescheucht.

Ich weiß noch, dass wir unser Glück kaum fassen konnten: Wir waren an einem fremden Ort mitten in Mexiko, hatten die Taschen voller Geld, keine elterliche Aufsicht und durften tun und lassen, was wir wollten.

Voller Abenteuerlust liefen wir so schnell uns unsere Turnschuhe tragen konnten Luftlinie ins Zentrum.

Doch wenn ich daran zurückdenke, frage ich mich jedes Mal wieder: Was haben sich unsere Mütter bloß dabei gedacht?

Wir müssen ihnen so richtig auf die Nerven gegangen sein.

San Miguel de Allende ist ein seltsamer kleiner Ort. Aber für uns war er eine Stadt voll unentdeckter Abenteuer und Spannung, die nur auf uns warteten.

Lehmhäuser säumen die verschlängelten Kopfsteinpflasterstraßen, auf denen Männer draußen sitzen und duftenden Tabak rauchen.

Essen, wohin man schaut – riesige, schwere Bündel mit getrockneten roten Peperoni, die im Wind klappern.

Im Innern der Gebäude entdeckten wir eine Reihe kleiner Läden, aus denen es umwerfend nach Limetten und Maistortillas duftete.
TAQUERÍA
Dort bekam ich die besten Tamales, die ich je im Leben gegessen habe.
Ich weiß, dass es die besten waren, weil wir so ziemlich jeden Tamale-Laden der Stadt ausprobiert haben.
Scharf!
Handkarren verkauften Maiskolben am Stock mit scharfer Soße und Limette, die unsere Mundwinkel rot färbten.
MAZORCA DE MAIZE
MAZORCA DE MAIZE
Wir setzten uns damit auf den staubigen Bordstein, tranken kalte Grapefruit-Limonade und verteilten die Soße auf unseren Kleidern und Gesichtern.

Im Zentrum gab es einen herrlichen Markt, dort verbrachten wir die meiste Zeit.
Die Stände boten hauptsächlich Süßigkeiten und Spielzeug an.
Die Spielsachen waren eher langweilig, überwiegend Touristenkram.
Krach-macher
Lucha-libre-Wrestling-Figur
Schlüsselanhänger, der später vom Zoll kassiert wurde
Die Süßigkeiten dagegen waren verlockend und gefährlich. Wir kauften tütenweise davon und erlebten wahre Geschmacksexplosionen in unseren zuckersüchtigen amerikanischen Mündern.
Wow!
Manche waren köstlich …
Seltsam fade schmeckende bunte Zuckertaschen
Zitronenbonbons mit Brausepulver gefüllt
Lange, gelockte, bittere Lakritzschnüre
… andere schmeckten widerlich, machten unglaublich durstig und verursachten Lachkrämpfe.
Süß-scharfe getrocknete Peperoni
Kandierter Kaktus
Salzige Lakritzstangen

Die Einheimischen waren so nett, uns zu dulden – zwei unbeaufsichtigte Kinder auf Zucker, die abgesehen von „Wie viel?“ kaum ein Wort Spanisch sprachen.

Am zweiten Tag unseres Erkundungstrips entdeckten wir die Nebenstraße mit jenem Stand, an dem Drew schon bald ein kleines Vermögen loswerden sollte.

Während ich nachdenklich an meinem scharfen, undefinierbaren Lutscher leckte, klappte Drew beim Anblick der farbigen Hochglanz-Zeitschriften die Kinnlade runter.

An dem Stand waren völlig offen und frei zugänglich um die fünfzig bunte Pornohefte ausgestellt.

Bis dahin kannten wir nur amerikanische Zeitschriftenstände, wo die Pornoabteilung strengstens von Erwachsenen bewacht wurde. Und die machten einem die Hölle heiß, wenn man den Heftchen zu nahe kam. Wir schlichen also vorsichtig darauf zu.

Doch zu unserer Überraschung holte der Verkäufer nur eine strahlend glänzende Zeitschrift aus dem Regal und hielt sie Drew hin, der seine zitternden Hände danach ausstreckte.

In den folgenden Tagen verschlang Drew ein Heftchen nach dem anderen, während unsere Mütter im Hotel dahinsiechten.

Sein Rucksack wurde ausgeleert, Rätselhefte, Schullektüre und ein Schiffe-versenken-Spiel wurden zugunsten seiner Porno-Beute entsorgt. Ich konnte sehen, wie sich sein Rücken unter der wachsenden Last seiner Obsession krümmte.

Eines Tages, als sich Drew gerade „Mamacita“ ansah und ich mit scharfer kandierter Orangenschale im Mund über die Lehmdächer blickte, wurde mir schlecht.

Ich hatte Angst, dass ich krank werden würde wie unsere Mütter. Und damit hatte ich nicht ganz unrecht, aber die Grippe war es nicht.

Viele Frauen erinnern sich, wie peinlich es war, als sie zum ersten Mal Binden kaufen mussten – zusammen mit ihrer Mutter, die hilfreiche Tipps gab.

Was ich dagegen empfand, als ich allein in eine mexikanische Apotheke ging und der Apotheker keinen blassen Schimmer hatte, was ich von ihm wollte ... Schwer zu sagen.

Es war schon schlimm genug, dass ich Drew einweihen musste ...

... aber immerhin hatte ich jetzt auch etwas, was ich heimlich in meinem Rucksack herumtragen konnte.

Als unsere Mütter dann wieder auf den Beinen waren, unternahmen wir den Rest des Urlaubs Sightseeingtouren. Wir fuhren raus, sahen uns antike Klippenwohnungen an und besuchten ein Thermalbad.

Wir gingen in tolle Restaurants. Das Essen dort war zwar köstlich, konnte aber nicht ganz mit dem billigen Essen von unseren Streifzügen mithalten.

Ich saß während der Mahlzeiten da, umarmte meinen Bauch und trank Limonadas (köstliche Limo aus Limette, Zucker und Mineralwasser) und Drew ließ seinen Rucksack, der inzwischen locker zehn Kilo wog, keine Sekunde aus den Augen.

Neulich sind Drew und ich beim gemeinsamen Kochen mal wieder auf unsere Mexiko-Reise gekommen.

Wir treffen uns oft, um gemeinsam zu kochen und über alte Zeiten zu quatschen. Unsere Mütter schauen dann gern zu und geben gelegentlich ihren Senf dazu.

Auf diese Weise erfuhren wir auch, wie sie Drew reingelegt hatten.

Am meisten amüsiert sie an unserer „simultanen Coming-of-age-Geschichte“ aber, dass wir beide felsenfest davon überzeugt waren, unsere Geheimnisse wären ihnen verborgen geblieben.

In Wirklichkeit war unsere Kindheit erst zu Ende, als wir erkennen mussten, dass einer Mutter niemals auch nur irgendwas entgeht.

In der Schlange vor der Sicherheitskontrolle am mexikanischen Flughafen krümmte sich Drew schon verdächtig unter der Last seines Rucksacks. Unsere Mütter redeten beiläufig über die Eigenarten der mexikanischen Sicherheitskontrollen.

Genau. Manche werden direkt in ein mexikanisches Gefängnis gesteckt, keine Verhandlung und nichts.
Und es gibt keine Gesetze, die Minderjährige davor bewahren.
Weißt du, was noch schlimmer sein soll als Drogenschmuggel? Minderjährige, die hier in Mexiko Pornohefte kaufen. Wenn die an der Grenze erwischt werden …
Eieiei, was dann los ist! Das willst du gar nicht wissen!
Absuchen von Körperöffnungen? Folter? Gefängnis?
Das ist erst der Anfang.
tug tug
COLORING
Die haben einen speziellen Schmutzdetektor, wie ein Metalldetektor, nur für Pornos!
hmph giggle
Wie schrecklich!
DAD
Ich bin echt froh, dass ich keine Pornohefte im Handgepäck habe. Ich hätte keine Lust auf ein mexikanisches Gefängnis.
COLORING

Als er zurückkam, war sein Rucksack flach und leer, sein Rücken aber kein bisschen gerader.

Die Pornohefte im Wert von mindestens 150 Euro wurden hastig hinter einem der Klos auf der Männertoilette deponiert. Ein wahrer Schatz für irgendeine glückliche, nichtsahnende Reinigungskraft.

Drew schaffte es durch den Zoll, ohne ein mexikanisches Gefängnis von innen zu sehen. Und wir kehrten, ein Stückchen reifer geworden, in die USA zurück.

Er vermisste seine Souvenirs. Aber vielleicht waren sie von der Sorte Reichtum, den man besser in Maßen genießt.

Über die Jahre hat uns diese Geschichte mächtig Freude bereitet.

Wir haben beide das seltsame Gefühl, dass auf dieser Reise mehr passiert ist, als wir damals wussten.

Aber wahrscheinlich fühlt es sich auch einfach merkwürdig an, wenn man aus Versehen etwas in einem fremden Land zurücklässt.

## MEXIKANISCHES FRÜHSTÜCK

# HUEVOS

Bei diesem Gericht ist MULTITASKING gefragt. Aber es ist das PERFEKTE KATERFRÜHSTÜCK (FÜR SONNTAGE ODER NEUJAHR).

1. DU BRAUCHST:

2. ÖL IN EINE PFANNE GEBEN UND ORDENTLICH ERHITZEN! TORTILLAS VON BEIDEN SEITEN BRATEN, BIS SIE SICH AUFBLÄHEN (10 SEK.)

DANN AUF KÜCHENROLLE ABTROPFEN LASSEN

3. IM RESTLICHEN ÖL 1 BIS 2 EIER BRATEN

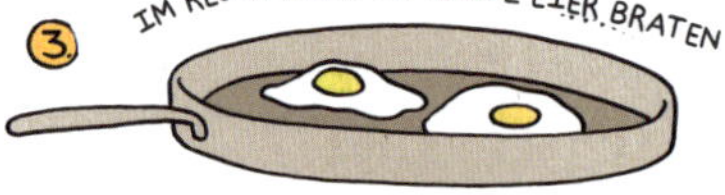

SO LANGE DU WILLST. ABER NOCH FLÜSSIG IST GUT, DANN KANN DAS EI IN DIE ANDEREN SCHICHTEN EINSICKERN!

4. IN DER ZWISCHENZEIT BOHNEN AUF DEM HERD ODER IN DER MIKROWELLE ERHITZEN.

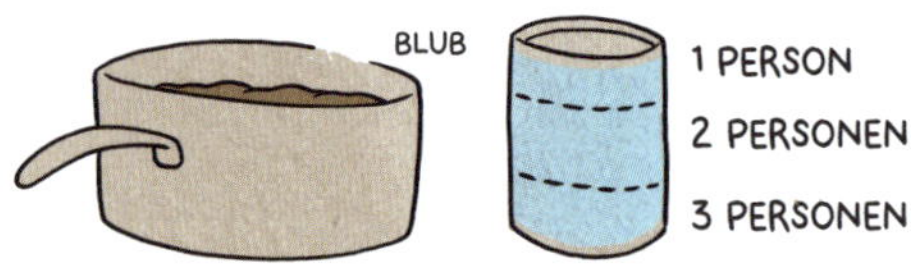


5. AVOCADOS AUFSCHNEIDEN UND KÄSE REIBEN (ICH MAG AM LIEBSTEN CHEDDAR ODER FRISCHKÄSE)

6. BOHNEN UND EIER VOM HERD NEHMEN.

7. SALSA ÜBER BOHNEN & TORTILLA KIPPEN (ICH MAG SALSA VERDE, ABER NIMM, WAS DU MAGST.)

8. DIE ANDEREN ZUTATEN ÜBEREINANDERLEGEN.

DIE SCHICHTEN →

# RANCHEROS

(EINZELANSICHT)

(SCHICHTEN KÖNNEN BELIEBIG OFT WIEDERHOLT WERDEN)

Kapitel 6

# Gelüste

Als ich klein war, machte mir Mama oft riesige Portionen gedünsteter Pilze mit Knoblauch.
Ich war nicht mäkelig, was Essen anging, eher das Gegenteil. Ich hab so ziemlich alles probiert und fand es fast immer lecker.
Was isst du denn da?
Saure-Gurken-Sandwich.
Immer noch einer meiner Favoriten
Und ich hatte oft Gelüste.
Können wir Süßkartoffeln machen?
Süßkartoffeln?
Bitte!
Ich hatte Lust auf die knusprige, salzige, knisternde Hähnchenhaut. Und wenn Mama mir gerade den Rücken kehrte, konnte ich nicht anders, als sie abzupicken.
Oft stand sie an den Rändern schon etwas ab, das merkte doch keiner.
Heyyy ...
Was denn?
So penibel Mama als professionelle Köchin war – wenn es um das heimische Abendessen und die Hähnchenhaut ging, kannte sie kaum Skupel.
Fass niemals mit den Fingern das Essen an.
FLOUR
Nachdem wir unsere gemeinsame verbotene Leidenschaft entdeckt hatten, hatte mein Vater keine Chance mehr.
Wieso fehlt an unseren Hähnchen immer die Haut?

Normales Frühstück reizte mich nicht, morgens hatte ich Lust auf mexikanisches Essen!
OATME
GRANOLA
OAT BRAN
CHEERIOS
RICE
GOYA
Jahrelang aß ich Reis und Bohnen zum Frühstück.
Immer mit einem Buch am Tisch.
Es war aber nicht so, als ob Mama alles erlaubt hätte. Zucker zum Frühstück oder Chips zum Abendessen kamen nicht in die Tüte.
Mittag?
SWEETOS
cheet
Sie fand mein Essverhalten liebenswürdig und hatte Verständnis, schließlich hatte sie selbst auch Gelüste.
Was machst du?
Russische Hochzeitskekse
Wa-rum?
Ich hab Lust drauf!
Wie ich hat Mama oft Lust auf rotes Fleisch.
Sehr heiße, schwarze gusseiserne Pfanne
Sizzle
Sizzle
Als ich ein Teenager und Mama noch nicht mit meinem vegetarischen Stiefvater zusammen war, machte sie oft gigantische Steaks. Wir aßen sie blutig und direkt vom Küchenbrett.
Wir konnten kaum die Geduld aufbringen, sie ruhen zu lassen, wenn sie saftig und noch brutzelnd vor uns lagen.
Wenn man das Fleisch ruhen lässt, wird es aromatischer und zarter.

Es hatte etwas Hexenhaftes; zwei Frauen, die sich im Stehen über ein salziges, blutiges Stück Fleisch hermachen und denen der Saft übers Kinn läuft.

Wir tunkten unsere Finger ins Blut, leckten uns über die Lippen und stöhnten vor Genuss.

Manchmal machten wir gedünsteten Spinat. Wir warfen die frischen, nassen Blätter in einen gigantischen Topf mit Olivenöl und Knoblauch und dünsteten ihn, bis er welk und dunkel wurde.

Dann aßen wir ihn pur aus riesigen Schüsseln zu Abend.

Bei der Gartenarbeit erwischte ich sie öfter dabei, wie sie in das knackige grüne Fleisch einer warmen, frisch gepflückten Physalis biss.

Ich mochte die süßen, staubigroten Kirschtomaten lieber.

Doch am Ende wurden die Physalis auch meine Lieblinge.

Der weibliche Körper verlangt eben nach Proteinen und Eisen.
sel
Ich habe die Gelüste meiner Mutter übernommen – mein Organismus verlangt nach ihnen.
Einmal im Monat brauche ich Spinat!
Wie ein Riesenkaninchen!
Wie viele meiner Gelüste habe ich mir bei ihr abgeschaut und wie viele sind unmittelbare, vererbte körperliche Bedürfnisse?
Die gleiche Nase
Physalis
Kann ich bei meinen Gelüsten überhaupt zwischen Vererbung und meinen Ernährungsgewohnheiten unterscheiden?
Blauschimmelkäse wär jetzt gut ...
Blauschimmelkäse!
Das frage ich mich, wenn ich daran denke, wie mir Mama damals, ohne dass ich ein Wort gesagt hätte, einen Teller gedünsteter Pilze mit Salz, Knoblauch und Olivenöl hinstellte – ein seltsames und exzentrisches Gericht, aber genau das, worauf ich in diesem Moment Lust hatte.

# So macht Mama ihre Pilze

PILZE KAUFEN
IM SUPERMARKT KRIEGST DU FAST NUR *WEISSE CHAMPIGNONS*
ABER AUF DEM BAUERNMARKT ...
FINDEST DU SORTEN WIE
PORTOBELLO
MORCHELN
PFIFFERLINGE
ODER MEINE LIEBLINGSPILZE:
SHIITAKE
PILZE SOLLTEST DU NIEMALS WASCHEN.
SIE SIND WIE KLEINE SCHWÄMME, DIE SICH VOLLSAUGEN UND MATSCHIG WERDEN (EKLIG).
=
WENN SIE SEHR DRECKIG SIND, TUPF SIE EINFACH (SANFT) MIT EINEM FEUCHTEN TUCH AB UND LASS SIE KURZ TROCKNEN.
WEG MIT DER MATSCHIGKEIT!
PILZE VOM BAUERNMARKT PUTZE ICH NICHT IMMER, EIN BISSCHEN DRECK STÖRT MICH NICHT.
HMM
ABER UNTERSUCHE SIE NACH *KÄFERN!*
UND GANZ IM ERNST
LASS SIE TROCKNEN.
DAS IST WICHTIG, UM SIE ORDENTLICH DÜNSTEN ZU KÖNNEN.

GIB EIN BISSCHEN BUTTER* UND OLIVENÖL IN die PFANNE. (JULIA EMPFIEHLT 2/3 BUTTER, 1/3 OLIVENÖL.) DER PFANNENBODEN SOLLTE VON EINER GLÄNZENDEN SCHICHT ÜBERZOGEN SEIN.
OLIVE OIL
TTER
*VEGANER KÖNNEN AUCH NUR ÖL BENUTZEN.
DEN HERD AUF die HÖCHSTE STUFE STELLEN.
HOT
BRUTZEL
WARTE, BIS DIE BUTTER AUFHÖRT ZU SCHÄUMEN UND DIE PFANNE *RICHTIG HEISS* IST.
Gib's mir!
SIZZLE
MANCHE LEUTE SCHNEIDEN DIE STIELE AB, MAMA MACHT DAS NIE. DIE STIELE SIND GUT! ABER SCHNEIDE DIE HARTEN ENDEN AB, BEVOR DU DIE PILZE IN DIE PFANNE GIBST.
DUMP
DEN HERD AUF die MITTLERE STUFE RUNTERSTELLEN
Achtung, das ist jetzt wichtig!
YES
NO

JETZT KANNST DU DIE PILZE EINE WEILE IN RUHE LASSEN. SIE SAUGEN DAS FETT AUF, BIS DIE PFANNE TROCKEN IST, UND DANN MACHEN SIE
SQUEEEAK!
DAS IST EIN GUTES ZEICHEN! DIE PILZE BRAUCHEN NICHT MEHR ÖL ODER BUTTER, AUCH WENN SIE ANFANGEN EIN BISSCHEN ZU QUALMEN – STELL EINFACH DIE HITZE ETWAS RUNTER UND SCHAU IHNEN BEIM SCHWITZEN ZU.
PUH!
SOBALD SIE ANFANGEN BRAUN ZU WERDEN:
RÜHREN
UND
SCHÜTTELN!
GESCHIRRTUCH
WENN SIE BRAUN UND KNUSPRIG UND IMMER NOCH SAFTIG SIND, KIPP DIE PILZE AUF EINEN TELLER UND STREU SALZ UND PFEFFER DRÜBER!
AM BESTEN MIT DEN FINGERN ESSEN!

Kapitel 7

# Auf unbekanntem Terrain

An Keinem anderen Ort habe ich mich jemals so fremd gefühlt wie in Tokio.
Shibuya-Mädchen
Meine Jungsfrisur mit 14
ÜBLER Jetlag!
Nicht zuletzt, weil ich eine Soja-Allergie habe und dort so ziemlich alles Soja enthält!
SOJAEIS
Soja-nudeln
Soja-tee
Soja-paste
SOJA-KLÖSSE
SOJABOHNEN
SOJA-BONBONS
Ich musste höllisch aufpassen, was ich aß!
Ich hatte ständig Hunger.
Soja-suppe
Als ich 14 war, zog mein Freund Drew mit seiner Familie nach Japan. Kurz darauf ging ich ihn für eine Woche besuchen.
Was heißt „gaijin"?
„Weißer Tourist".
Gaijin!
Ha.
Auf der Suche nach sojafreien Produkten stieß ich auf süße, weiche, tröstende Mochi – und verputzte Unmengen davon.
(Brotartige Bohnenpastenklößchen)
Wenn du Sushi isst, musst du den ganzen Happen auf einmal in den Mund schieben, sonst gibt es eine Riesensauerei.
Profi
Bischuuu schischer?*
* Bist du sicher?
Anfängerin
Whiskey & Zigarren
Drew führte mich ehrgeizig in all die verbotenen Genüsse ein, die in Tokio auch für Minderjährige erhältlich waren. Er mochte am liebsten Verbotenes, das ihn an zu Hause erinnerte.
Das Sushi fuhr auf einem Band an uns vorbei!

Essen und Einkaufen waren wie eine Abenteuerreise in ein unbekanntes Geschmacksuniversum und eine völlig neue kulturelle Bilderwelt.
Shiokara
Salzige und süße Tintenfisch-Chips
Sind da irgendwelche Drogen drin, die süchtig machen?
Zehn auf einmal
POCKY
Höschen-Automat
Wow.
Im Laden bei Drew um die Ecke wurde man fast blind vor lauter faszinierenden, neon leuchtenden Süßigkeiten, die von seltsamen bunten Figuren angepriesen wurden.
Cool!
Guck mal, da ist eine Zeichentrickfigur von einem Aal drauf!
Es war gut, unter Menschen zu sein, die wussten, was Illustrationen für eine Macht hatten.
ISS DAS.
KAUF DAS.
Anpanman, dessen Kopf aus einem gigantischen Bohnenkuchen besteht.

Die Süßigkeiten waren nicht der einzige Kulturschock – da war auch noch der Zeitunterschied von 14 Stunden.
Viele Amerikaner gewöhnen sich bis zu ihrer Abreise nicht daran.
Aber zum Glück war ich eine Teenagerin.
Mit 14 ist es schließlich ganz normal, dass einem alles komisch, fremd und anstrengend vorkommt.
Sake
Und, wie schlimm ist es?
Uiuiui.
Vielleicht sollten wir ein bisschen aus der Stadt raus – morgen!
TOKIO
VS.
DAS LÄNDLICHE JAPAN –
IST NOCH MAL EIN ERNSTHAFTER KULTURSCHOCK.

Gleich zu Beginn unserer Reise wurde mir klar, warum Teenager in den USA nicht rauchen und trinken dürfen.
4 Uhr morgens, irgendwo in Tokio
タクシー
würg
Das ganze gute Sushi! Was für eine Verschwendung!
Am nächsten Tag schleppten unsere Mütter unsere verkaterten Körper mit zu einer Tempelbesichtigung.
Der Affe verurteilt mich.
Natto: Pampe aus fermentierten Sojabohnen
So aufregend die japanische Küche auch war, manche Gerichte waren einfach zu viel für meinen geschwächten Magen.
Aber nach den ersten paar Tagen in Tokio wurde ich langsam entspannt und begann, die wunderbare Fremdheit der japanischen Kultur zu genießen.
Reihenweise glitzernde silberne Fische
Apfelwärmer!
Mir gefiel besonders, wie sorgsam sie das Obst verpackten, damit ihm im bunten Treiben der Märkte – diesem Ort voller neuartiger, verführerischer Düfte – nichts zustieß.

Mama wollte unbedingt ein bisschen vom antiken Japan sehen und so verließen wir die Stadt (abgesehen davon wären wir im teuren Tokio bald pleite gewesen).
In einem Japanischen Garten kehrten wir in einem Haus mit Shoji-Wänden ein und bekamen ein Menü mit unzähligen Gängen.
Salziger getrockneter Fisch mitsamt Köpfen
Warmer Sake
GYOZA-Klöße mit Shrimp-Füllung
Tintenfisch in dunkler Soße
Süße Aalsuppe
Fischküchlein
Sashimi
Reis mit Algen
Misosuppe
Wasabi
Dorayaki – süße Pfannkuchen mit Bohnenfüllung
Yaki-Onigiri
Kabocha-Kürbis
Süßer Quark in Bohnenpaste
Tee
Ich war es nicht gewohnt, so viele Gänge zu essen.
Die Höflichkeit gebietet, dass man mit Begeisterung isst, aber so ungefähr nach dem elften Gang wird das richtig schwierig.
Ich habe sogar Soja gegessen, obwohl ich wusste, dass mir davon schlecht wird.

Hi Drew!
Drew ging auf eine amerikanische Schule und seine Freunde dort waren ebenfalls aus Auswanderer-Familien. Aber bestimmt fühlte er sich trotzdem einsam, noch dazu in dem Alter.
In der amerikanischen Botschaft in Tokio gab es eine Bowlingbahn!
Ich hätte mir nicht vorstellen können, mein erstes Highschool-Jahr in Japan zu verbringen.
Als wäre es nicht schon schräg und befremdlich genug, 14 zu sein.
Normaler 14-jähriger Junge in Tokio
Drew, groß für sein Alter
Immerhin war er kein mäkeliger Esser.
Er hat sich sogar sehr gut eingelebt.

Wir waren im Juni dort, zur Regenzeit, und die Straßen füllten sich mit Schirmen in allen Farben des Regenbogens. Sie sahen aus wie lauter bunte, schillernde Juwelen.
Arigato gozaimasu!
Do itashi mashite.
Wir saßen den Regen im Trockenen aus, schauten japanisches Fernsehen und übten unsere Aussprache.
„Tampopo", japanischer Film über Essen
Drew wohnte um die Ecke von einem Nudel-Imbiss, wo wir Ramen-Suppe mit Nudeln, Brühe, Gemüse, Ei und Gewürzen aßen …
Top Ramen
Just add water!
GANZ ANDERS
… kein Vergleich zu den unglaublich salzigen Mikrowellen-Ramen zu Hause.
Aber nichts gegen die amerikanischen Ramen.
Immerhin waren sie in meiner Highschool-Zeit eines meiner Hauptnahrungsmittel.

Tokio schaffte es innerhalb einer Woche, mich vollkommen zu überwältigen.
地下鉄
(U-Bahn)
So muss es wohl Leuten gehen, die nicht lesen können.
Was ich da wohl gerade esse?
Egal, es schmeckt köstlich.
Japan war für mein westliches Ich eine schreiend andere Welt.
Und diese Erfahrung machte ich vor allem beim Essen.
Wenn wir essen ...
... nehmen wir mehr als nur Nahrung auf.
Ich hoffe, da ist kein Soja drin.
Das Essen zog mich in unbekannte Gefilde voll unentdeckter Gefahren und Genüsse.
Ob das schmeckt?
Ich habe Verrücktes gegessen und Seltsames getrunken. Es war, als würde ich das Essen noch mal von Grund auf neu lernen.
Eine kulinarisch-kulturelle Wiedergeburt.
Köstlich ...
末

# Mach Deine eigenen SUSHI ROLLS

SUSHI ZU MACHEN, IST VIEL LEICHTER, ALS MAN DENKT!

ES IST AUSSERDEM GESUND – UND UM *EINIGES* GÜNSTIGER ALS IM RESTAURANT.

AUSSERDEM BRINGT ES SPASS – UND DU KANNST DEINE FREUNDE MÄCHTIG DAMIT BEEINDRUCKEN.

DIESES REZEPT IST EINE AMERIKANISIERTE, VEGETARISCHE MAKI-VERSION.

ICH MACHE ES ZIEMLICH OFT – DENN EINE ILLUSTRATORIN, DIE SUSHI LIEBT, IST SONST BALD EINE ARME (ALSO NOCH ÄRMERE) ILLUSTRATORIN.

DU BRAUCHST

ODER WAS IMMER DU IN DEINEM SUSHI AM LIEBSTEN MAGST!

MIT DANK AN MEINE KUNSTLEHRERIN WENDY, DIE MIR BEIGEBRACHT HAT, WIE DAS GEHT!

DEN REIS IN EINEM TOPF ODER EINEM REISKOCHER KOCHEN (DAS DAUERT NORMALERWEISE UM DIE 45 MIN.)
DU KANNST DEN REIS VOR DEM KOCHEN IN EINEM SIEB MIT KALTEM WASSER ABSPÜLEN, DANN WIRD ER KLEBRIGER.
DAS VERHÄLTNIS VON WASSER UND REIS IST AUF DER PACKUNG ANGEGEBEN.
BOTAN
DORT STEHT AUCH, WIE LANGE DER REIS DEINER WAHL BRAUCHT.
WENN DER REIS FERTIG IST, WARTE, BIS ER ABGEKÜHLT IST! IM ERNST. WARTE.
MANN, ICH HAB ABER JETZT HUNGER!
PECH!
Zu blöd.
WÄHRENDDESSEN
DIE SÜSSKARTOFFELN SCHÄLEN UND IN LANGE, SCHMALE STREIFEN SCHNEIDEN.
AUFGESCHNITTENE ROHE SÜSSKARTOFFELN DUFTEN NACH BLUMEN!
ÖL ERHITZEN
UNGEFÄHR 2 CM TIEF
IN EINER GROSSEN PFANNE
NIMM KEIN OLIVENÖL ZUM FRITTIEREN, DAS IST NUR FÜR NIEDRIGERE TEMPERATUREN.
MEHL UND WASSER ZU EINER KLEBRIGEN MASSE VERRÜHREN.
MEHL
IN EINER SCHÜSSEL
DIE SÜSSKARTOFFELSTREIFEN HINEINGEBEN UND IN DER MEHLMISCHUNG WENDEN.
DANN DIE SÜSSKARTOFFELN IN IHREM MEHLMANTEL IM ÖL FRITTIEREN ...
BRUTZEL
... BIS SIE SCHÖN KNUSPRIG SIND.
ANSCHLIESSEND MIT KÜCHENROLLE ABDECKEN, UM DAS ÜBERSCHÜSSIGE ÖL AUFZUSAUGEN.

AVOCADO UND GURKE IN LANGE, SEHR DÜNNE STREIFEN SCHNEIDEN.

UND JETZT KOMMT DAS SUSHI-BASTELN

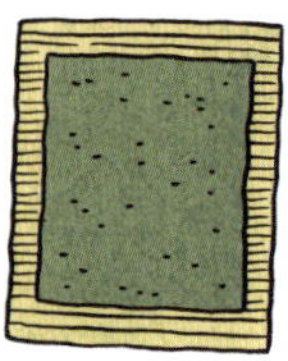

DAS NORI-BLATT AUF DIE BAMBUSMATTE LEGEN (MIT DER GLÄNZENDEN SEITE NACH OBEN).

DEN REIS GLEICHMÄSSIG IN EINER 1,5 CM DICKEN SCHICHT AUF DEM ALGENBLATT VERTEILEN. AM OBEREN ENDE GUT 4 CM AUSSPAREN.

EIN PAAR GEMÜSESTREIFEN IN DIE MITTE DES REISBETTS LEGEN.

DIE FINGER MIT WASSER BEFEUCHTEN UND ÜBER DIE NACKTEN STELLEN AUF DEM ALGENBLATT STREICHEN, DAMIT ES KLEBT.

DER NÄCHSTE SCHRITT BRAUCHT EIN BISSCHEN ÜBUNG
DAS UNTERE ENDE DER MATTE HOCHKLAPPEN.
KLAPP
DEN RAND DES NORI-BLATTS UMSCHLAGEN UND AUF DEN REIS DRÜCKEN.
DANN DIE MATTE EIN STÜCKCHEN ZURÜCKROLLEN, DAMIT SIE NICHT MIT EINGEWICKELT WIRD. MITHILFE DER MATTE WEITERROLLEN.
EINROLLEN
(DAS SUSHI ROLLEN, DIE MATTE ROLLEN, MATTE UND SUSHI LEICHT ANDRÜCKEN, WIEDERHOLEN)
WENN SIE FERTIG GEWICKELT IST, DIE ROLLE LEICHT IN DER MATTE ZUSAMMENDRÜCKEN (NUR GANZ LEICHT!).
DIE BAMBUSMATTE ENTFERNEN – DAS ERGEBNIS SOLLTE UNGEFÄHR SO AUSSEHEN:
DANN
DIE MESSERKLINGE MIT EINEM NASSEN TUCH BEFEUCHTEN (VORSICHT!).
FALLS DIE ROLLE ZU DICK IST UND NICHT INS NORI-BLATT PASST, MUSST DU WAS VON DEM REIS ODER GEMÜSE WIEDER RAUSNEHMEN.
JE FEUCHTER DIE MESSERKLINGE, DESTO LEICHTER LASSEN SICH DIE MAKIS SCHNEIDEN.
WENN NÖTIG, NOCH MAL BEFEUCHTEN.
LANGSAM DURCHZIEHEN
NICHT EINFACH DRAUFLOS SCHNEIDEN, SONST ZERFETZT ES DIR DIE ROLLE!
TA DA!
GENIESSE SIE AM BESTEN MIT SOJASOSSE, INGWER, SESAM UND UNAGI-SOSSE!
RESTLICHE GURKE MIT REISESSIG & SESAMÖL

Kapitel 8

# Der Apfel fällt nicht

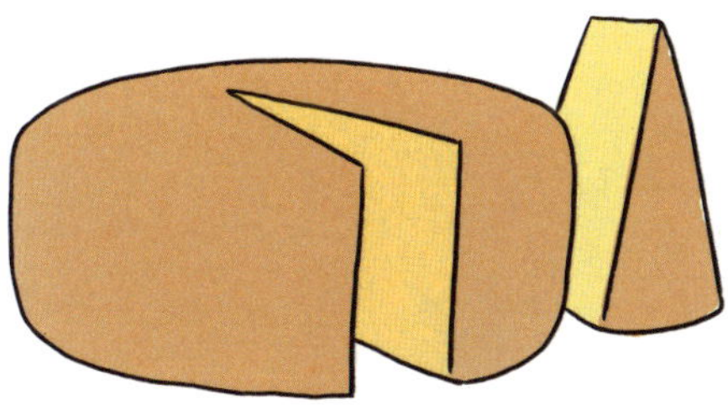

# weit vom Käse

Meine Eltern zogen Ende der Siebzigerjahre nach New York City und lebten dort das Manhattaner Leben, das mittlerweile nach Brooklyn gezogen ist.

Sie wohnten in einer günstigen kleinen Wohnung in Greenwich Village, umgeben von Künstlern, Musikern und natürlich Yuppies.

Papa trat in die Geschäftswelt ein und Mama überlegte sich, was sie mit ihrem Leben nach dem College anfangen wollte.

Frisch von der Schule, interessierte sie sich besonders für die Welt des Essens.

Eines Tages entdeckte sie bei einer Erkundungstour einen winzigen Delikatessenladen namens Dean & DeLuca.

Keine 20 Minuten, nachdem sie den Laden betreten hatte ...
Hallo?
... stand Mama mit einer Schürze hinter der Käsetheke!
Das heißt aber nicht, dass Georgio DeLuca ein entspannter Chef gewesen wäre ...
Die Auslage geht so nicht! Mach das noch mal ordentlich!
CHEESE
Es war ein harter Job.
GOU CHE
Aber meine Mutter war wie dafür geboren.
TOSS
Dort hinter der Theke bei D&D, umgeben von Türmen aus Bergkäse und dem Duft von reifem Brie, wurde Mama zu einer Meisterin auf ihrem Gebiet.
Wenn Papa von seinem Werbejob nach Hause kam, empfing ihn Mamas erdiger Käseduft, der noch in ihren Haaren hing – und den er liebte.
Schnupper

Ihre Kollegen waren Musiker, Maler, Schriftsteller und Studenten.

Heute ist das in Manhattan eher selten. Es kommen so viele ausgebildete Profis zum Arbeiten nach New York, dass es für Künstler und Studenten immer weniger Tellerwäscher- oder Kellnerjobs gibt, von denen sie ihre Miete bezahlen können.

Es ist natürlich toll, wenn lauter Profis in der Küche arbeiten. Aber ich denke, dass den Restaurants ohne die kreativen Leute aus anderen Sphären einfach etwas fehlt …

Als Mama in dem Laden anfing, wurde New York gerade erst zu einem kulinarischen Mekka. Es war eine völlig andere Stadt als heute.

Ich liebe es, wenn sie mir von damals erzählt, von den Anfängen der essbaren Revolution – die Insider-Geschichten aus heute berühmt-berüchtigten Küchen.

Noch ein Grund, weshalb ich diese Geschichten so sehr liebe, ist, dass sie genau in der Zeit mit mir schwanger wurde.

Sie erzählt immer, wie sie riesige Laibe Gruyère vom Kühlregal auf die Theke hievte, wobei die Kunden auf ihren kugelrunden Bauch starrten, auf dem sie den Käse balancierte.

Später spekulierte sie gern darüber, wie sich dieser Job auf mich ausgewirkt hat. Meine Vorliebe für kultivierte Milchprodukte käme daher, dass ich ihnen schon im pränatalen Stadium so nahe war.

Etwa zur gleichen Zeit arbeitete sie ehrenamtlich im „Whitney Museum“ …

… und an einem Stand auf dem Bauernmarkt.

Und nebenbei malte sie die ganze Zeit.

Und ich muss sagen, bisher trifft ihre Theorie der vorgeburtlichen Prägung auf mich ziemlich genau zu.

Meinen ersten „Job“ hatte ich mit vier oder fünf. Ich half meiner Mutter auf den Bauernmärkten aus, die in ganz Manhattan und Brooklyn wie Pilze aus dem Boden schossen. Wie viele Stadtkinder liebte ich den Duft von Heu und Äpfeln und die gigantischen Kürbisse, es war wie eine andere Welt.

Nachdem sich meine Eltern getrennt hatten und Mama und ich aufs Land gezogen waren, rekrutierte sie mich als Aushilfe für ihre neue Catering-Firma. Sie war für kleine Feste anderer Ex-Manhattaner und Wochenendurlauber aus der Stadt schnell sehr gefragt.

Gelegentlich caterte Mama für Shootings der berühmten Fotografin Annie Leibovitz.

Einmal war ich dabei, als sie ein Fotoshooting mit Kate Hudson für ein „Vanity Fair“-Cover machte, und kümmerte mich um den Tee und die Käseplatten.

Den ganzen Tag stapfte ich im Schlamm zwischen der Kleinen mobilen Küche und dem Catering-Zelt für die anderen Models hin und her.

Die Models zu bedienen, war ein Riesenspaß – sie ignorierten das Essen und flirteten dafür die meiste Zeit.

Irgendwann wurde ich durch den Regen übers Feld geschickt, um Ms. Hudson heißen Tee zu bringen. Sie musste für das Foto in einem Kalten Bach im Regen stehen, nur mit einem dünnen Nachthemd bekleidet.

Sie war schon fast blau vor Kälte. Klitschnass und zitternd stand sie bis zu den Knien im Wasser.

Kaum zu glauben, dass eine Kleine Aushilfe einer großen Schauspielerin begegnet und kein bisschen neidisch ist. Aber ganz ehrlich, an dem Tag hätte ich um nichts in der Welt mit ihr tauschen wollen.

Froh um meine dicke Catering-Jacke flüchtete ich mich zurück ins trockene Zelt und sah den Models, die graziös über den unebenen Boden stolzierten, beim Flirten zu.

Ein anderes Mal kochten wir für ein Event in einem extravaganten Haus von Kunstsammlern.
Vielleicht sollten wir deine Kochjacke waschen.
Bratensoße
Kaviar
Essig
In dem riesigen Haus waren überall seltsame Licht-Installationen, Skulpturen und jede Menge wunderschöner Gemälde.
Wow!
Außerdem züchteten sie Pudel.
Ich hob gerade ein großes Tablett mit feinem Teegebäck an, als ich spürte, wie etwas an meinem Hosenbein zupfte.
TUG TUG
Ich entdeckte einen kleinen Pudel, der fröhlich um meine Füße herumtollte – und nur eine Gesichtshälfte hatte.
Oh mein Gott!
Oh ...
Oha!
Was ist das denn?
Zitternd
Braver ... Hund.
Wie sich herausstellte, war der Pudel ein Zuchthund und viel geliebtes Haustier. Die vermögende Familie hatte keine Kosten und Mühen gescheut, seinen Kieferkrebs behandeln zu lassen.
So wie er aussah, hätte er sofort in einem „Terminator"-Film mitspielen können.
Aber trotzdem ein nettes Kerlchen.

Die Arbeit im Catering ist eher unregelmäßig – besonders bei Mama, die schon mal Aufträge ablehnte, weil gerade andere Projekte anstanden.

Da viele Bauern in unserer Umgebung ihre Ware den ganzen weiten Weg in die Stadt transportierten, half sie kurzerhand mit, in unserem kleinen Ort Rhinebeck einen Markt auf die Beine zu stellen.

Den Winter über arbeitete ich im Hofladen.

Am liebsten kümmerte ich mich um die Donut-Herstellung.

Wir hatten so eine geniale alte Maschine, die den rohen Teig in einen kleinen Bach aus heißem Öl katapultierte (gefährlich) und die Donuts dann auf ein Tablett spuckte, wo sie in grobem Zucker gewälzt wurden. Die abgekühlten Donuts prüfte ich natürlich auf Qualität.

Im Frühling arbeitete ich für einen Nachbarn, der Bio-Shiitake-Pilze anbaute.

Ich musste die Pilze beim Abpflücken leicht antippen, damit die winzigen Käfer, die sich unten in den Lamellen versteckten, herauskrochen.

Anschließend verkauften Mama und ich die Pilze für ihn auf dem Bauernmarkt.

Rhinebeck war immer ein eher ruhiger Ort mit ein paar Baumärkten und Tabakläden für die Anwohner und Wochenendurlauber aus Manhattan.

Doch der Bauernmarkt, der regionale Produkte aus der unmittelbaren Umgebung anbot, lockte immer mehr Bewohner aus den umliegenden Dörfern und der Stadt nach Rhinebeck. Der Ort erlebte einen kulturellen und wirtschaftlichen Aufschwung und wurde zu einem Kulturzentrum im Hudson Valley – und natürlich zu einer Pilgerstätte für Liebhaber guten Essens.

Wir fingen auch an, Käse von regionalen Milchbetrieben auf dem Bauernmarkt zu verkaufen. (Im Hudson Valley sind viele kleine Bio-Milch-Farmen angesiedelt.)

Als ich 16 war, fuhr ich jede Woche mit meiner alten Schrottkarre quer über die Catskill Mountains und klapperte mehrere kleine Bauernhöfe ab, um unsere Bestellung abzuholen.

Nettle Meadow ist eine wunderschöne kleine Ziegenfarm, die auch Notfalltiere aufnahm. Ihr Motto war: „Glückliche Ziegen, guter Käse!“

Old Chatham ist eine familiengeführte Schaffarm – eine der erfolgreichsten im Hudson Valley.

Aber meine Lieblingsstation war Sprout Creek Farm, ein Hof, der von Nonnen betrieben wurde!

Jedes Mal, wenn ich dort den Käse abholte, war irgendeine wunderbare Feier im Gange, wie das Honig-Festival oder das Heißluftballon-Event. Stadtkinder kamen, um Ziegen zu streicheln, Investmentbanker brachten ihre Familien und lernten, wie man Kühe molk. Der Käse von diesem Hof war einer der besten, den ich je gegessen hatte.

Unser letztes gemeinsames Catering-Event, bevor ich wegzog, um Kunst zu studieren, war die Voreröffnung des DIA-Beacon-Museums für moderne Kunst am Hudson River.

Die Gäste tummelten sich in den frisch gestrichenen Galerien. Abgesehen von ein paar Installationen, die fest in die Räume eingebaut waren, war das Museum noch leer und es hallte in den Räumen mit ihren hohen Decken.

Als die Reden begannen und die Horsd'œuvres alle serviert waren, schlich ich mich davon, um das Gebäude zu erkunden.

Ich nutzte meine kurze Auszeit von Sashimi und Pilzhäppchen, lief durch das leere Museum und dachte über Kunst nach.

Im Herbst schon würde ich auf die Kunsthochschule in Chicago gehen und ich war nervös.

Gedankenverloren stolperte ich plötzlich in einen Raum, der so riesig war, dass eine Richard-Serra-Skulptur darin Platz fand.
Sie hatten die gewaltigen Metall-Skulpturen reingebracht, noch bevor das Gebäude fertig renoviert war, da sie die mit Abstand größten und sperrigsten Werke im gesamten Museum waren.
Nach den vielen leeren Räumen und nackten Wänden war die Begegnung mit diesem Koloss aus rostigem Metall besonders überwältigend.
Als kleines Kind war ich oft an Serras berühmtem Werk „Tilted Arc“ vorbeigelaufen, beeindruckt von seiner gewaltigen, imposanten Schönheit.
Und jetzt war ich plötzlich mit diesem vertrauten, berühmten, unerreichbaren Riesen allein in einem Raum.

Weit und breit keine Wächter, die mich hätten verscheuchen können.
Ich konnte mit der Hand über die kühle Oberfläche streichen – meine Wange und mein Ohr dagegenpressen und dem stumpfen, hallenden „Dong“ lauschen, wenn ich dagegenklopfte.
Ich konnte in aller Ruhe bei diesem imposanten Kunstwerk verharren, unbeobachtet in einem menschenleeren Raum.
Da stand ich mit meinen 18 Jahren in meiner fleckigen Kellnerweste, mit schmerzenden Füßen und einem Riesenbammel vorm College.
Aber ich durfte in aller Seelenruhe das kühle Metall eines berühmten und ergreifenden Kunstwerks berühren,
weil ich das Glück hatte, zur richtigen Zeit am richtigen Ort zu sein.
Ich dachte an all die Museumsarbeiter, Wächter und Aufseher, die ähnliche Momente erleben durften, und war unendlich froh, Kellnerin zu sein.

Inspiriert, wie ich war, gab ich an der Kunsthochschule alles.
3 Uhr morgens im Atelier
Ich hatte Heimweh, aber zum Glück auch Verwandte in Chicago.
Meine Tante Anne, die früher mit meiner Mutter bei Dean & Deluca gearbeitet hat.
Meine kleine Cousine Alexandra
Jeden Sonntag schleppte ich mich, fix und fertig und von oben bis unten mit Farbe bekleckst, zu ihnen zum Abendessen.
Die erste warme Mahlzeit seit einer Woche
Mein Onkel Harry
Wie fast alle in meiner Familie kochen auch meine Tante und mein Onkel für ihr Leben gern. Und das, obwohl sie drei mäkelige Esser als Kinder haben.
Mason, 16, der sich nur von Fleisch und Brot ernährt
Evan, 12, der immer Hunger hat
Geräucherter Lachs
Alexandra, 8, die keinen Fisch isst, es sei denn, wir verkaufen ihn ihr als Hähnchen.
Bei einer dieser gemeinsamen Mahlzeiten fragte mich meine Tante Anne, die Journalistin war, ob ich ihr mit einer Reihe von Restaurantkritiken helfen könne.
Hast du Lust, mitzukommen?
Da fragst du noch?!
Da man für eine Kritik mehrere verschiedene Gerichte probieren muss, brauchte sie eine hungrige Begleitung, um eine größere Geschmacksvielfalt zu bekommen.
Am Telefon mit Anne, die mir Infos zur Kritik gibt
Heißt das, ich MUSS eine Vorspeise, ein Hauptgericht *und* NACHTISCH bestellen?
Und ich hatte eben Zeit, während ihre erwachsenen Kolleginnen arbeiten mussten.
Ich habe mich aus meinem Kunstgeschichte-Seminar rausgeschlichen!
Bin ich zu spät?
Nee, zu früh!
Manchmal hatte Anne selbst zu viel zu tun. Dann schickte sie mich mit einem Freund los und wir gaben ihr unsere Notizen.
Heruntergekommene Kunststudenten = Kein Trinkgeld?
Die Shrimps übertreffen meine Fertignudeln um Längen!
Ein Gedicht!

Für Freunde des Essens war es eine ideale Zeit, in Chicago zu sein.
Die Stadt war schon immer eine gute Anlaufstelle für Klassiker wie Fleisch mit Kartoffeln, jetzt aber hatte die kulinarische Szene immer mehr Neues zu bieten.
Stadt der Industrie und Molekularküche
Es kamen innovative Köche und tolle neue Restaurants in den Mittleren Westen, die Essensszene wuchs stetig.
FOOD & DRINK
ALINEA
BLACKBI
Gegen Ende meines Studiums kannte ich die Chicagoer Läden, die Gourmets glücklich machten, wie meine Westentasche.
Hier war früher ein Hundefrisör!
Jetzt ist es ein schicker Pub!
Eines dieser Highlights war Fox & Obel.
FOX&OBEL
Der Delikatessenladen wurde von zwei Anwälten gegründet, die Essen liebten. Mit F&O wollten sie vom kulinarischen Goldrausch in Chicago profitieren.
Herr Fox
Herr Obel
Ich habe ehrlich gesagt keinen Schimmer, wie die beiden Herren aussehen.
Das war einer meiner absoluten Lieblingsläden – umgeben von exotischen und köstlichen Düften fand ich dort in stressigen Prüfungsphasen Trost. Die Anwesenheit des 50 Jahre alten, im Eichenfass gereiften Balsamico besänftigte mich.
150 Euro die Flasche!
In der Woche meiner Abschlussprüfungen bekam ich öfter Panik, wenn ich an meine Zukunft als Bachelor of Fine Arts dachte. Dann ging ich zu F&O und tröstete mich mit einem ordentlichen Stück Ziegenkäse namens „Humboldt Fog".
FOX&OBEL
Der fantastische Duft von Essen, das ich mir nicht leisten kann

New York mag für Jobs, wie ich sie mag, das falsche Pflaster gewesen sein, Chicago dagegen erlebte eine kulinarische Renaissance. Dort gab es für jemanden wie mich noch Möglichkeiten!

Während die Kassiererin meinen Käse scannte, bat ich um einen Bewerbungsbogen, und nach ein paar Tagen hatte ich ein Vorstellungsgespräch!

Meine Mutter wurde damals einfach eingestellt und machte den Job dann so lange, wie sie Zeit und Lust hatte.

Ich dagegen musste einen Haufen psychologischer Fragen beantworten.

Und einen Drogentest machen.

Wenige Tage später stand ich in einer dieser steifen weißen Jacken, genau wie meine Mutter sie vor 30 Jahren getragen hatte, hinter der Theke.

Zwischen den Hunderten von Käsesorten fühlte ich mich zu Hause (und überwältigt!). Ich durfte unbekannten Käse kosten und lernte, wie man mit dem Messer und der Folie hantiert.

Ich arbeitete dort zusammen mit Musikern, Künstlern, Schauspielern und anderen Studenten. Genau wie ich hatten sie sich den Job geangelt, weil sie sich das teure Essen, das sie so sehr liebten, nicht leisten konnten.

Und so hatte mein Wechsel vom Studentendasein ins „echte Leben" den köstlichen Beigeschmack von australischem Feta, bröseligem englischem Cheddar und dunklem, erdigem Blauschimmelkäse.

Am liebsten gönnte ich mir angewärmten Cantal (ein halbharter französischer Picknick-Käse) auf Krustenbrot vom Vortag – das ich beim Bäcker stibitzte.

Jeden Tag fuhr ich mit dem Fahrrad zur Arbeit, vorbei an der herrlich duftenden Schokoladenfabrik, die den berauschenden Geruch geschmolzener Schokolade verströmte.

Manchmal holte mich mein Freund nach der Arbeit ab und wir nutzten den Mitarbeiterrabatt, um uns für ein Käse-Picknick am Seeufer einzudecken, während um uns herum der Sommer tobte.

In einer Stadt mit so vielen kalten Regentagen sind warme Sommertage eine kostbare Überraschung und werden wegen ihrer Seltenheit ausgiebig zelebriert.

Genau wie eine seltene, teure und köstliche Belohnung für eine arme College-Studentin.

EINE GLÜCKLICHE KÄSEVERKÄUFERIN DER ZWEITEN GENERATION PRÄSENTIERT IHREN

HIER VERRATE ICH EUCH EIN PAAR DINGE, DIE ICH HINTER DER KÄSETHEKE GELERNT HABE!

ES GIBT KEINE ALLGEMEINGÜLTIGE BESTIMMUNGSMETHODE - VIELMEHR GIBT ES VIELE VERSCHIEDENE.

ES GIBT ABER SOGAR NOCH MEHR KATEGORIEN. OH JE, DAS KLINGT KOMPLIZIERT.

CANTAL, EINE MEINER LIEBLINGSSORTEN, KANN MAN ZUM BEISPIEL FOLGENDERMASSEN BESTIMMEN:

- ER IST AUS ROHMILCH (NICHT HOMOGENISIERT)
- ER HAT EINE REIFE VON 6 MONATEN BIS 1 JAHR
- ER IST HÖHLENGEREIFT, MIT RINDE AUS LEINEN
- ER IST HALBHART UND SCHMILZT GUT (KÄSETOAST!)

ABER CANTAL IST AUSSERDEM EIN FRANZÖSISCHER KÄSE, EIN WINTERKÄSE (DIE KÜHE FRESSEN HEU, KEIN GRAS) UND ER VERÄNDERT MIT DER REIFE SEINE FARBE, KONSISTENZ UND SEINEN GESCHMACK.

JETZT AHNST DU VIELLEICHT, WARUM ES SO KOMPLIZIERT IST.

Ok, genug von der Theorie. Was solls.

# 6 TOTAL FASZINIERENDE FAKTEN ÜBER KÄSE

# DU SCHAFFST DAS SCHON!

## Kapitel 9

# Auf der Spur des Croissants

Im Sommer nach meinem ersten College-Jahr kauften meine beste Freundin und ich uns Eurail-Tickets und reisten mit dem Rucksack durch Europa.
Deux, s'il vous plait.
Billets
Wir hatten kein Geld, aber das störte uns nicht sonderlich.
Es lebe der Studentenrabatt für Museen!
Hoch soll er leben!
Wir übernachteten in billigen Hostels und gaben das Wenige, das wir hatten, für Museen und Essen aus.
Probier mal!
Das ist die beste Schokolade, die ich je gegessen habe.
Unser schräges Hostel in Barcelona mit winzigen Betten
Wir haben gut gegessen, schließlich wussten wir, dass in ein paar Wochen wieder Tütensuppen und Hotdogs anstehen würden.
Schick genug sind wir ja nicht für den Laden …
Was soll's. Es schmeckt!
Ich erinnere mich an viele köstliche Mahlzeiten auf dieser Reise, aber keine kam an die Croissants aus dieser winzigen Bäckerei in Venedig ran.

In Venedig wohnten wir in einem seltsamen kleinen Hostel. Auf dem Boden lagen jede Menge Teppiche halb übereinander und durchs Fenster strömte der Geruch des Kanals ins Zimmer.

Für Warmwasser musste man extra zahlen, also duschten wir kalt und freuten uns, dass es ein warmer Juli war.

Gleich am ersten Morgen stieg mir der Duft aus der Bäckerei in die Nase, der sogar den modrigen Geruch des Kanals überdeckte.

Nelly schläft morgens länger als ich, also machte ich mich allein auf die Suche.

Die warme Luft, die aus der Bäckerei strömte, duftete berauschend nach Brot und Schokolade.

Als ich eintrat, lagen vor mir reihenweise goldglänzende Croissants. Frisch aus dem Ofen waren sie unwiderstehlich, trotz der unerträglichen Schwüle.

Ich kaufte zwei, eins für Nelly und eins für mich zum Frühstück.

Ich setzte mich auf die Stufen vor dem Hostel, biss in mein Croissant und sah den Gondeln beim Schaukeln zu.

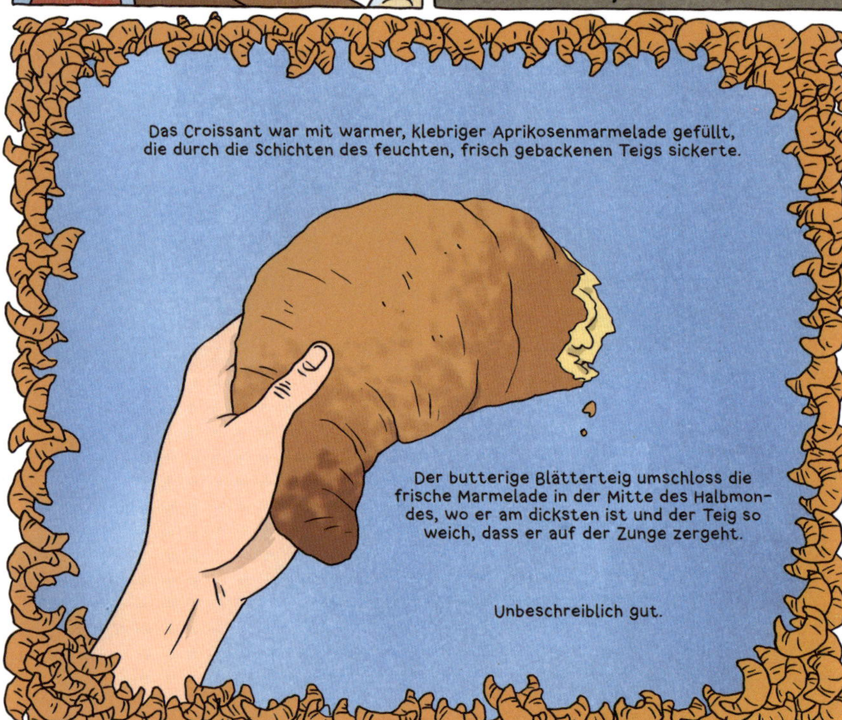

Ich hatte aus Versehen beide Croissants aufgegessen und musste zur Bäckerei zurück.
Ups ...
Dort kaufte ich noch mal vier – und aß drei.
Guck nicht so.
Später brachte ich Nelly ihr Croissant.
Die sind richtig lecker.
Sie ist morgens ziemlich neben der Kappe ...
?
... kam mir aber trotzdem sofort auf die Schliche.
Ganz ehrlich, wie viele hast du gegessen?
ICH hab aufgehört zu zählen!
LASS UNS HIERHER ZIEHEN!

Im nächsten Sommer wohnten Nelly und ich in einer kleinen Wohnung in Chicago.
Nicht ganz Venedig, aber die Miete ist günstig!
Der Juli war genauso heiß wie jener in Venedig und ich musste wieder an die Croissants aus der Bäckerei denken.
Ich werd jetzt mal versuchen, die Croissants zu backen, die wir in Venedig gegessen haben!
OK.
Sie hat sie nie so zu schätzen gewusst wie ich.
Na toll.
Schnapp nicht gleich über vor Begeisterung.
(Sie bevorzugte Samosas mit Kreuzkümmel und Kartoffeln, wie sich bei einem anderen kulinarischen Exkurs auf unserer Reise herausstellte. Die warmen Taschen wurden in Spanien am Strand verkauft.)

Meine Lust wurde zu einer Obsession. Wochenlang versuchte ich, die Croissants nachzubacken, probierte ein Rezept nach dem anderen aus – ohne Erfolg.

Wenn Nelly von der Arbeit nach Hause kam, war jede freie Fläche in der Wohnung mit abkühlenden, gescheiterten Croissants vollgestellt.

Sie wurden einfach nicht perfekt – langsam drehte ich durch und die Ofenhitze in unserer unklimatisierten Wohnung machte es nicht besser. Mein Scheitern machte mich fertig.

Der undefinierbare, köstliche Geschmack blieb unerreichbar.

Nach ein paar Wochen setzte Nelly dem Wahnsinn ein Ende – zum Glück.

Unwillig legte ich meine Mission fürs Erste aufs Eis.

Doch der geheimnisvolle Geschmack der venezianischen Croissants verfolgt mich noch immer. Vermutlich war die Zutat, die mir in Chicago fehlte, die morgendliche Vorfreude auf einen Tag voller Möglichkeiten, fernab vom College-Alltag zu Hause, in einer alten Stadt mitten im Wasser.

Vielleicht hatte es aber auch mit dem intensiven Geruch des Kanalwassers zu tun. Wer weiß?

Ich denke noch oft an sie, vor allem im Sommer: goldglänzende, federleichte Croissants, mit Butter und süßem Tee, die sanft auseinanderblättern, um ihre gelbe Marmelade preiszugeben ... so muss die venezianische Sonne schmecken.

## CROISSANTS ZU BACKEN IST **SCHWER.**

SO VIEL DAZU – KEIN CROISSANT-REZEPT, TUT MIR LEID.
ABER WIE WÄR'S STATTDESSEN MIT EINEM FÜR

# SANGRIA

(SCHMEISS REIN, WAS DU AM LIEBSTEN MAGST BZW. DIE SAISON HERGIBT.)

NIMM DIR EIN GROSSES, VERSCHLIESSBARES GLAS – UND LOS GEHT'S:
ORANGEN & ZITRONEN AUSQUETSCHEN UND DIE HÄLFTEN HINTERHER-WERFEN.
DAZU-GIESSEN
1/2 BIS 3/4 LITER ROTWEIN ~ ODER ~ TRAUBENSAFT
3/4 LITER SEKT ~ ODER ~ APFELSCHORLE
SICHERGEHEN, DASS DER DECKEL SCHLIESST
DAMIT DIE KOHLENSÄURE DRIN BLEIBT!
ETWAS BRANDY ODER LIKÖR GIBT DEM GANZEN EINEN EXTRA KICK (PFIRSICH-BRANDY MACHT SICH GUT.)
FÜR DIE ALKFREIE VARIANTE KANNST DU STATTDESSEN AHORNSIRUP NEHMEN.
Ab in den KÜHLSCHRANK für ETWA 24 STUNDEN.
EIN STROHHALM HILFT
KALT AN EINEM SONNIGEN TAG SERVIEREN.
EINEN LÖFFEL DAZU, DAMIT DU DAS GANZE OBST RAUSLÖFFELN KANNST.
ABER VORSICHT!
DAS ZEUG SCHMECKT GEFÄHRLICH LECKER!

Kapitel 10

# ZU TISCH MIT ZEUS & DEMETER

Für jemanden, der Essen liebt, ist der Kühlschrank meines Vaters erstaunlich leer.

Dafür hat er jede Menge Gewürze. In seiner Kammer stehen Sachen wie rosa Pfefferkörner und vereinsamte Gläser edlen Senfs.

Er lässt sich eben gern bedienen – in schönen Restaurants mit gutem Essen, am liebsten an einer stilvollen Bar mit einem Glas Wein.

Es war gut, dass er in New York City blieb, als meine Eltern sich trennten. In der Gegend, in der er lebte, hatte er hunderte Restaurants gleich vor der Haustür.

Während Mama auf dem Land neue Möglichkeiten entdeckte, Lebensmittel anzubauen und zuzubereiten, ließ Papa seinen Herd einstauben.

Papa genießt die schönen Dinge des Lebens: guten Wein, gute Bücher und hervorragend zubereitetes Essen. Er lebt angenehm und manchmal auch über seine Verhältnisse. Auf jeden Fall kann man sich darauf verlassen, dass er sich gut ernährt (und mich auch).

Mein Opa väterlicherseits hatte mit 60 schon mehrere Schlaganfälle hinter sich.

Er ist ein wunderbarer Mann, der auf einer Hühnerfarm aufgewachsen ist. Danach rührte er Zeit seines Lebens kein Geflügel mehr an. (Selbst an Thanksgiving!)

Als er so alt war wie mein Vater jetzt, durfte er schon kein rotes Fleisch, keine Butter und kein Salz mehr essen.

Papa, der Pilates macht und zehn Jahre jünger aussieht, als er ist, blieb dieses Schicksal erspart.

Essen macht ihn glücklich. Mamas Kochkünste fehlen ihm und er lässt keine Gelegenheit aus – Geburtstage, Abschlussfeiern oder Ehemaligentreffen –, um in ihren Genuss zu kommen.

Mamas Mann, Paul, ist ein mäkeliger Esser.
Und er ist Vegetarier.
Er hatte wieder-kehrende Albträu-me, in denen er vor einem Tier-Tribunal stand.
Er kocht lieber sein eigenes Essen, was zwischen ihm und meiner Mutter, die sich beim Kochen verwirklicht, häufig zu Streit führt.
Ich dachte, ich mach lecker Pesto!
Ich brate mir ein bisschen Gemüse an.
Um Gesundheit geht es ihm als Vegetarier sicher nicht. Seine Ernährung tendiert eher in Richtung Pizza- und Donut-Vegetarismus.
Mama hat es aufgegeben, für ihn zu kochen. Denn jedes neue Gericht wird meistens zugunsten von Reis mit einer Ladung Sojasoße verschmäht.
Jeder für sich beim gemeinsamen Kochen
Wenn jemand ihre Kochkunst ablehnt, ist das für Mama ungefähr so schlimm, wie einen Korb zu kriegen.
Live to Eat
Can Love Ever Work?
Eat to Live

Aber wenn ich sie besuche, zieht sie alle Register und wir kochen jeden Tag himmlische Gerichte!

Manchmal sehe ich uns als Persephone und Demeter und wenn ich nach Hause komme, feiern wir ihr ausschweifendes Erntefest.

In diesem Bild wäre mein Vater Zeus – der unbeholfene König, der sich in der Stadt der Götter bedienen lässt.

Das Bild ist nicht perfekt, aber doch ziemlich nah dran …

Und da ich die Tochter eines Mannes bin, der wie ein König bedient wird, gehen wir natürlich meistens ins Restaurant, wenn wir uns sehen!

Nachdem Papa einmal etwas über die kulinarische Szene in Vancouver gelesen hatte, wollte er dorthin reisen.

Wir aßen süße Kusshi-Austern aus dem kalten Pazifik und geräucherten Lachs auf Sauerteig-Toast mit Dill.

Aber die beste Mahlzeit in der ganzen Woche war sautierter Heilbutt, außen schön knusprig, wunderbar einfach und frisch.

Papa erzählte mir sieben Tage lang von den Köstlichkeiten, die uns im angesagtesten Restaurant Vancouvers erwarten sollten. Dort hatten wir für unseren letzten Abend eine Reservierung.

Als der Abend endlich gekommen war, war das Essen leider ungenießbar. Die frischen Meeresfrüchte schwammen in pappsüßen Soßen, waren vollkommen zerkocht und lächerlich garniert.

Der König war verstimmt.

Zurück in den USA brachte mich mein Vater zu meiner Mutter, in der Hoffnung, mit einem Willkommensessen begrüßt zu werden.

Und er wurde nicht enttäuscht. Mama freut sich schließlich immer über Esser, die ihre Köstlichkeiten lieben und zu würdigen wissen.

Wir aßen die Schicht-Enchiladas mit selbst gemachter mexikanischer Soße, Frischkäse, grüner Salsa und schwarzen Bohnen.

Während er das Essen in sich hineinschaufelte, als könnte es ihm weglaufen, wurde mir etwas klar: Auch wenn mein Vater gut isst, sind die tollen Restaurants doch nur ein schwacher Ersatz für das, was er früher regelmäßig genießen durfte.

Ein Restaurant kann noch so erfinderisch sein, der Fisch noch so frisch, die Einrichtung toll designt, die Bar stilvoll, es kann gehypet werden und Preise gewinnen und alles …

Sie werden niemals so gut sein, wie an Mamas Tisch zu schlemmen.

# Sommer-Rezept für Saure Gurken

1. SCHNAPP DIR ORDENTLICH GURKEN AUS MAMAS GARTEN (ACHTUNG – SCHNECKEN-ALARM!). ZUM EINLEGEN SIND DIE GRÜNEN AM BESTEN, ETWA SO LANG WIE DEINE HAND.

2. DEN GARTENSTAUB ABWASCHEN UND EIN PAARMAL AUF JEDE GURKE EINSTECHEN. (DADURCH KANN DER SAFT BESSER EINSICKERN)

3. IN EINEN GROSSEN TOPF
2 LITER APFELESSIG
2 TL SAURE-GURKEN-GEWÜRZ
1 TL SENFPULVER
1/2 TL DILL (ODER EIN ZWEIGCHEN)
1/2 ZWIEBEL (GEWÜRFELT)
2 EL SALZ
GEBEN.

MAN SAGT, EIN PAAR WEINBLÄTTER IN DER BRÜHE LASSEN DIE GURKEN KNACKIGER WERDEN!

4. SOBALD ES KÖCHELT, DIE GURKEN REINSCHMEISSEN (ABER NICHT IM WÖRTLICHEN SINN!)

ABDECKEN, DAMIT SIE SCHÖN IN RUHE VOR SICH HIN GURKEN KÖNNEN!

5 ETWA 15-20 MINUTEN BEI MITTLERER HITZE KOCHEN LASSEN (GLEICH RIECHT ES IN DEINER GANZEN WOHNUNG NACH SAUREN GURKEN).
SCHNUPPER
6 SCHÜTTE DAS GANZE IN EINEN GROSSEN KERAMIK-BOTTICH (IN DEM MAMA NORMALERWEISE KOCHLÖFFEL AUFBEWAHRT).
GURKENDAMPF
SAURE GURKEN!
7 ETWA 24-36 STUNDEN WARTEN, DANN DARFST DU SIE PROBIEREN.
Na, werdet ihr schon sauer?
8 SPERR DIE KLEINEN BIESTER EIN!
LUCY'S PICKLES

EINE GURKEN-ANEKDOTE:

# A note on pickles:

DIE SAUREN GURKEN MEINER GROSSMUTTER WAREN EIN TRAUM.

MAMA VERSUCHTE, SIE IHR NACHZUMACHEN – OHNE ERFOLG.

(MEINE MUTTER KONNTE SCHON ALS TEENAGER IN DER KÜCHE ZAUBERN, ABER SAURE GURKEN BLIEBEN DIE SPEZIALITÄT MEINER GROSSMUTTER.)

SIE ÜBERREDETE DIE MARKTVERKÄUFER, IHRE GURKEN MÖGLICHST FRÜH ZU ERNTEN, WENN SIE SCHÖN KLEIN UND AROMATISCH WAREN.

SIE HATTE EIN VAGES, MYSTERIÖSES REZEPT, DAS IN ETWA SO LAUTETE:

- MIT WASSER BEDECKEN
- GIB 1 HANDVOLL SALZ DAZU
- UND 1 HANDVOLL ZUCKER
- EINMAL TÄGLICH
- EINE WOCHE LANG
- DANN EINMAL DIE WOCHE
- EINEN MONAT LANG

GENAU WEISS ES NIEMAND. NICHT EINMAL MEINE GROSSMUTTER KANN SICH ERINNERN.

VIELLEICHT MUSS MAN AUCH

PERLEN

TRAGEN, DAMIT SIE PERFEKT WERDEN.

ALS MEINE ELTERN KURZ NACH IHRER HOCHZEIT NACH NEW YORK CITY ZOGEN, BRACHTE SICH MAMA DIE KUNST BEI, *ALLES EINZULEGEN.* DIE WINZIGE, GEMEINSAME WOHNUNG SCHIEN IHR WIE DAFÜR GESCHAFFEN.

IHRE GARDEROBE IST NIE MIT EINER JACKE IN BERÜHRUNG GEKOMMEN.

TROTZ ALLEM IST MAMA DAS REZEPT MEINER GROSSMUTTER NIE HUNDERTPROZENTIG GELUNGEN. WER WEISS, VIELLEICHT WERDE ICH DAS RÄTSEL EINES TAGES LÖSEN!

DURCH UNSERE ADERN FLIESST GURKENSAFT.

Kapitel 11

# Wenn guten Menschen schlechtes Essen passiert

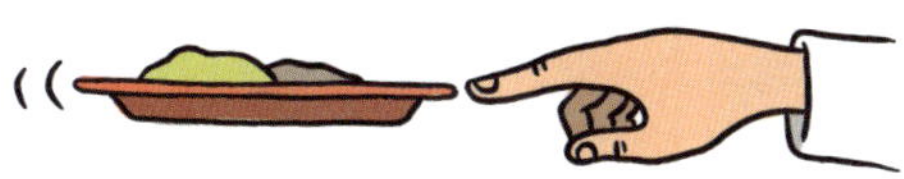

Wer mich oder besser gesagt meine Mutter kennt, hat manchmal Hemmungen, für mich zu kochen. Die Einladung beginnt meistens mit den Worten:
Ich kann nicht so gut kochen wie deine Mutter, aber ...
Da wir heutzutage vom Thema Ernährung besessen sind, haben viele Menschen eine klare Vorstellung davon, was schmeckt und was nicht. Andere wiederum interessieren sich überhaupt nicht dafür. Frag nur mal diese Feige hier.
Nein danke ...
Weil die Kochkünste meiner Mutter so legendär sind, denken meine Freunde, ich sei verwöhnt, was Essen angeht (das stimmt auf eine Art auch, aber nicht so, wie sie denken).
Meine Mutter ist Köchin!
Meine Mutter kochte ja die ganze Zeit für andere. Zu Hause hielt sich ihre Lust, sich an den Herd zu stellen, meist in Grenzen.
Können wir heute Abend Tacos machen?!
Normalerweise schnabulierte ich abends eher die Reste von ihren Catering-Events oder wir naschten zusammen am Küchentresen statt einer Mahlzeit Kirschtomaten aus dem Garten.
Ein typisches Abendessen:
Milch
Cornflakes
Kirschtomaten
Wenn jemand kochte, war es ein EVENT. Ich *liebe* es, wenn andere für mich kochen.
Wer nicht?

Es gibt nichts Schöneres, als gemeinsam zu essen und den Akt des Gebens und Teilens zu zelebrieren.

Guten Restaurants gelingt es, diese Großzügigkeit und Kreativität zu vermitteln. Schlechte versuchen es wenigstens.

Ich bin immer wieder baff, wenn Freunde mir erklären, Essen sei nichts weiter als Nahrung.

Mein jüngerer Cousin war und ist noch immer ein mäkeliger Esser.

Was mäkelige Esser so für Geschichten erzählen, ist verrückt!

Sie lassen uns die wunderbare Vielfalt des Essens – und der Geschmäcker – umso mehr wertschätzen.

Unter den Eltern meiner Freunde war ich für meinen Appetit vielleicht sogar ein bisschen berühmt ...

Das Einzige, was mich wirklich dazu bringen kann, eine Mahlzeit auszuschlagen, ist

**Miracel Whip:**

der Geschmackskiller, der garantiert *alles* verdirbt.

Ich bin wirklich kein Kostverächter, aber es gibt Ausnahmen ...

# DAS SCHLECHTESTE ESSEN

Gegen Ende unseres Studiums wollte Mark, ein Freund und Studienkollege von mir, kochen lernen.

Solange er denken konnte, hatte seine Mutter für ihn gekocht. Doch schließlich war er gezwungen, sich selbst zu versorgen.

Seinen Vorräten nach zu urteilen, ernährte er sich wie ein typischer Student ...

Aber Mark wollte richtig kochen.

Unglücklicherweise suchte er seine Rezepte ausgerechnet im Internet: Die Rezepte sind so beliebig, konfus und subjektiv, dass man vergeblich nach einer präzisen Anleitung sucht.

Da er weder Kochbücher noch seriöse Rezeptseiten kannte, klickte er sich auf gut Glück durch, bis er etwas fand, das ihm beeindruckend, aber machbar schien.

Die Ergebnisse dieses Experiments waren sowohl legendär als auch ungenießbar – eine gute Abschreckung für Nachahmungstäter.

Das Schlimmste von allem, das sogenannte „Limonaden-Hähnchen“, ist mit Abstand das Ekelhafteste, was ich je gegessen habe (besser gesagt, versucht habe zu essen).

Man brauchte mindestens zwölf teure Gewürze, die man danach nie wieder anrühren würde, und Limonadenkonzentrat, das immer wieder über das Huhn gegossen wurde.

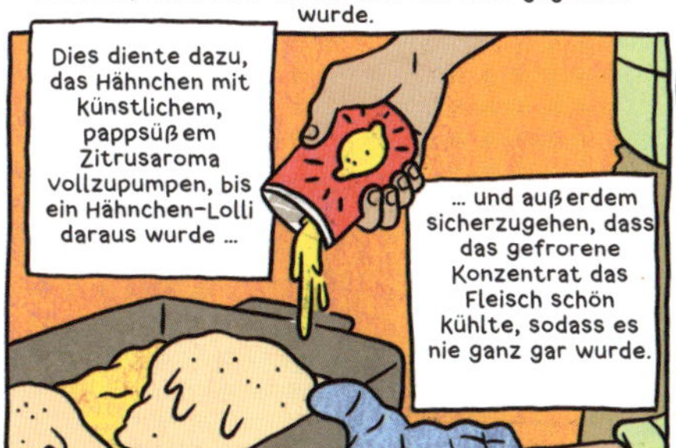


Abgesehen von dieser ungenießbaren Ausnahme *liebe* ich es, wenn jemand anderes für mich kocht. Aber egal, ob ich bekocht werde oder selbst koche, die Freude hält einfach viel länger an als der üble Geschmack.

Einfacher ist meistens besser, wenn Du für andere kochst. Zu viele Gewürze oder aufwendige Zutaten tun gutem Essen oft keinen Gefallen. Halte Dich am besten an diese drei Grundzutaten:

Marks Experiment war mutig. Es ist nicht schwer, gut zu kochen, selbst wenn Du es nicht im Blut hast. Aber ein paar Tricks können Dir dabei helfen ...

Ich kann nicht sagen, dass Marks Kreation köstlich war, aber es war eine wunderbare Geste und wir haben uns köstlich amüsiert. Und so denke ich mit Genuss an diesen Abend zurück.

Nicht zuletzt, weil Mark inzwischen wirklich kochen kann – und ich ihn bis an sein Lebensende damit aufziehen kann.

Geld und Appetit in schlechtes Essen zu investieren, ist frustrierend. Aber solange die Gesellschaft stimmt, ist das alles halb so wild.

Essen ist im Grunde ein einsames Vergnügen, weil jeder ganz eigene Vorlieben und Geschmacksempfindungen hat.

Aber sehr vieles spricht dafür, dass Essen ein geselliges Vergnügen ist.

Es macht Freude, selbst wenn das Essen nicht schmeckt.

# SHEPARD (FAIREY) PIE

AN DER KUNST-
HOCHSCHULE MUSSTE
ICH EINMAL EINE
ARBEIT ÜBER DEN
STRASSENKÜNSTLER
SHEPARD FAIREY
SCHREIBEN.
DU WEISST SCHON:

DA ICH EIN RIESIGER
NERD ~~WAR~~ BIN UND
SHEPARD FAIREY MAG,
WURDE ICH FRÜH DAMIT
FERTIG. UND ALS DIE
ABSCHLUSSPRÜFUNGEN
VOR DER TÜR STANDEN,
WAR ICH ALS EINZIGE
VON MEINEN KOLLEGEN
NOCH BEI VERSTAND.

ABSCHLUSSPRÜFUNGEN IN KUNST SIND FIES. DIE LEUTE SEHEN AUS, ALS HÄTTEN SIE SICH IN FARBE UND KREIDESTAUB GEWÄLZT. SIE SCHLAFEN NICHT UND ESSEN SACHEN, DIE MAN NIEMALS ESSEN SOLLTE … WENN SIE ÜBERHAUPT WAS ESSEN.

MIKROWELLENGERICHTE

FAST EIN GANZES GLAS
ERDNUSSBUTTER, MIT
DEM LÖFFEL DIREKT AUS
DEM GLAS GEGESSEN

EINE GANZE KEKSROLLE

FÜRS FRÜHSTÜCK ÜBRIGGELASSEN

UNGLAUBLICH VIELE

ENERGY DRINKS

(MAN ISST AUS VERSEHEN AUCH JEDE MENGE KUNST-UTENSILIEN.)

DA ICH DIESES MAL VON
DIESEM TRAURIGEN
ZUSTAND VERSCHONT
GEBLIEBEN WAR, DACHTE
ICH MIR:

ESSEN IST GLÜCK,
TROST, ENERGIE UND
~MANCHMAL~
EIN GUTES
BESTECHUNGSMITTEL.

1. SEITAN MIT ZWIEBELN IN ÖL ANDÜNSTEN
BRUTZEL
2. KARTOFFELN SCHÄLEN UND KOCHEN
(3-4 GROSSE SOLLTEN REICHEN.)
BLUB
3. KAROTTEN*, ZUCCHINI & PILZE SCHNEIDEN
X 3
X 1
X 10-20
*VORHER SCHÄLEN!
4. KARTOFFELN STAMPFEN (MIT MARGARINE – FÜR DIE VEGANER – UND S & P)
ICH HATTE ALS STUDENTIN KEINEN STAMPFER …
… ABER EINE GABEL TUT'S AUCH.
5. AUFLAUFSCHICHTEN:
KARTOFFELPÜREE
GEFRORENE ERBSEN/MAIS
KAROTTEN/ZUCCHINI/PILZE
SEITAN
RÖNTGEN-AUFLAUF-FORM
6. BEI 200° IM OFEN BACKEN, BIS DIE KRUSTE BRAUN UND KNUSPRIG WIRD.
7. ABKÜHLEN LASSEN (MIND. 1 STUNDE), ZUM UNTERRICHT MITBRINGEN, GELIEBT WERDEN.
PROFI-TIPP #1: LÖFFEL SIND BESSER DAFÜR ALS GABELN. SCHREIB VORHER EINE E-MAIL UND SAG DEN LEUTEN, SIE SOLLEN EINEN LÖFFEL UND EINE SCHÜSSEL MITBRINGEN.
SCHLING
HAM NAM
PROFI-TIPP #2: AVOCADO MACHT SICH HERVORRAGEND IN DER GEMÜSESCHICHT! (FÜR MEIN STUDENTENBUDGET WAREN SIE ALLERDINGS ZU TEUER.)

## Kapitel 12

# Molekularer Abschied

Nach fast acht Jahren in Chicago wurde mir klar:
Ich hab Heimweh.
Ich war durchs halbe Land gereist, um aufs College zu gehen, und bin geblieben. Chicago war neu und aufregend, die Gastronomie boomte. Und ich stand zum ersten Mal auf eigenen Beinen und brannte darauf, die Stadt unsicher zu machen.
PIZZ
Ich liebte die verwinkelten Ecken und die Weite der Stadt – so ganz anders als die Gegend, in der ich aufgewachsen war.
Aber in den letzten zwei Jahren, in denen ich Erinnerungen aus meiner Kindheit und Jugend in New York aufschrieb, fing ich an, mich zurückzusehnen.
SEUFZ
New York City
Catskill Mountains
Ich wollte New York so entdecken, wie ich Chicago entdeckt hatte. Eine neue und gleichzeitig vertraute Stadt, die ich jetzt als Erwachsene noch einmal ganz anders kennenlernen konnte.
Und ich sehnte mich nach Mamas Essen.
SEUFZ

Doch bevor ich Chicago verließ, musste ich mich noch von einigen Lieblingsorten verabschieden ...

Drei Jahre vor meinem letzten Sommer in Chicago gönnte ich mir von meinem Ersparten einen Abend im „Alinea“ mit meinem damaligen (jetzt guten) Freund.
Jahrelang hatte ich jedes Mal angefangen zu sabbern, wenn ich darüber las. Den Anstoß gab schließlich Alice Waters' Biografie, die das Alinea als das beste Restaurant der USA bezeichnet.
Blabla Michelin bla
Obwohl ich eigentlich nicht auf Läden mit langen Wartezeiten und gesalzenen Preisen stehe, nahm ich die zwei Monate bis zu unserer 200-Euro-Reservierung mehr als gern in Kauf.
FEBRUAR
A
Dieses Abendessen lässt sich nur schwer beschreiben, selbst wenn ich jedes Detail der Gerichte beschreiben würde.
Kissen, das Lavendelduft verströmt
Vakuumgegarte Ente
Entenconfit
Gegrillte Ente
Mango
Joghurt
Das ganze Restaurant ist dazu konzipiert, wirklich mit allen Sinnen zu genießen.
Wenn ein Restaurant ein gemütliches Riesenrad ist, dann ist Alinea eine krasse Achterbahn.
WOOHOO!
AAAH!
Frei schwebender Bacon, an Zuckerschnüren aufgehängt
Ich habe einen Comic über diesen Abend gezeichnet – aus Spaß und weil ich dieses seltene Luxus-Erlebnis festhalten wollte.
(Habe ich schon erwähnt, dass eine Comic-Künstlerin, die zusätzlich ab und zu Catering-Jobs macht, normalerweise keine 200 Euro für ein Abendessen übrig hat?)
Ein paar Wochen, nachdem er online war, erhielt ich eine E-Mail von Nick Kokonas, dem Co-Besitzer und Gründer des Alinea. Er bedankte sich für den Comic und bot mir eine Führung durch die Küchen und das Restaurant an.
Und in jenem letzten köstlichen Sommer in Chicago war der Zeitpunkt gekommen, den Gefallen einzulösen.
Lieber Nick,
hey, erinnerst Du Dich an mich?

Nicks Assistentin
Du kannst dich hier hinsetzen und bei den Essensvorbereitungen zusehen.
Danke, Amanda!
Vakuumgarer
In der Küche wimmelt es von jungen, konzentrierten Köchen, die zusammenarbeiten, als wären sie eins.
Es wird ununterbrochen und gründlich geputzt
Undefinierbare Nahrungsmittel werden vertrauten und doch mysteriösen Prozessen unterzogen
putz putz putz
Hier wird locker genauso viel geputzt wie gekocht!

Keine Ahnung, was das ist, aber es riecht
ABGEFAHREN!
Nach Pilzen. Balsamico. Verbrannt. Zitrone.
Seltsame Teile, die auf einer Heizplatte vor sich hin blubbern
Reagenzgläserregal
Diese Gesichter sind HOCHKONZENTRIERT.
Tuch, das vorsichtig darübergelegt und dann abgenommen wurde – um Haut zu entfernen?
Der Schneebesen war größer als mein Kopf!
Feinfühlige Hände
Irgendwas aus Gelatine!

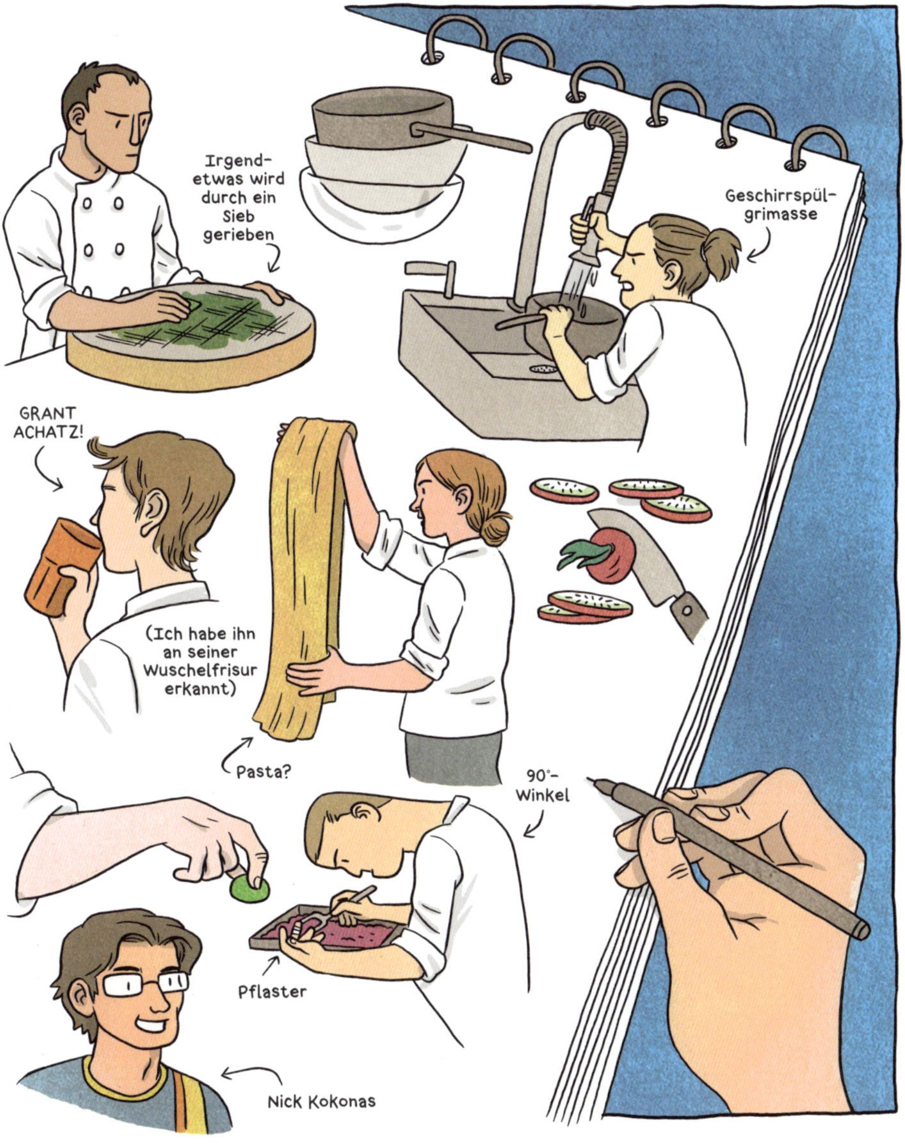
Irgend-
etwas wird
durch ein
Sieb
gerieben
Geschirrspül-
grimasse
GRANT
ACHATZ!
(Ich habe ihn
an seiner
Wuschelfrisur
erkannt)
Pasta?
90°-
Winkel
Pflaster
Nick Kokonas

Ehrfürchtig und um ein paar Zentimeter geschrumpft verließ ich die Küche und lief nach Hause. Von klein auf hatte sich in meinem Leben alles ums Essen gedreht und trotzdem war ich nur eine Anfängerin. Nur ein Groupie, backstage bei einem Rockkonzert.

Aber ich bin froh, dass ich diese Leidenschaft habe und dass ich nicht die Einzige bin.

Inzwischen teilen immer mehr Menschen diese Begeisterung zum Essen und dazu, neues auszuprobieren.

In einem Land wie Amerika ist das besonders spannend. Essen spielte in unserer Kultur nicht immer so eine große Rolle wie beispielsweise in Frankreich.

Schlechte Gewohnheiten, aber auch gefährliche, belastete Lebensmittel haben viele von uns gezwungen, unsere Einstellung zum Essen zu ändern – Essen als etwas zu begreifen, das wir für unseren Körper tun und das zelebriert werden will.

Wir sind ein junges Land, immer noch dabei, Neues zu entdecken und eigene Traditionen des Essens und Teilens zu entwickeln.

Genau wie ich noch eine junge Frau bin, dabei zu lernen, was mich bewegt, was ich will. Was ich liebe.

Und diesen Dingen widme ich mich mit Freude, Neugier und Genuss.

„Er hatte nur eine kleine Aufschrift gesehen,
da begann er sich mit dem Rad der Zeit zu drehen
bis zu jenem persönlichen Tag in diesem Sommer, als
er der kreisenden Welt zugesehen
und sich in ihrem Zentrum wiedergefunden hatte.

Die Aufschrift lautete LECKERBISSEN.

Und er war unendlich froh, sich am Leben zu wissen."

frei nach Ray Bradbury, „Löwenzahnwein"

Ende

# Nachwort

(Ich als kleine Küchenhelferin)

Um für dieses Buch zu recherchieren, habe ich meine Familienfotos durchstöbert. Ich brauchte schließlich Quellen. Unter den unzähligen Bildern von Käseplatten, Pies, Truthähnen und Einmach-Projekten konnte ich sogar ein paar finden, auf denen tatsächlich Menschen zu sehen sind!
Hier also ein kleines Fotoalbum zu dem Buch, das Du gerade gelesen hast.

Ich saß als kleines Kind wirklich ziemlich oft auf dem Küchentresen. Zum Glück macht meine Mutter heute nichts mehr mit Catering, sonst würde sie wahrscheinlich mächtig Ärger mit den Leuten von der Hygiene kriegen, siehe meine Füße im Mehl.

Mamas aromatisierte Essige

Das mysteriöse Gewürzregal

Der große Hackblock

Onkel Peters Laden war eine wunderbare kleine kulinarische Oase. Er war Teil eines Gourmet-Booms im New York City der frühen Achtziger. Ich liebe dieses Foto von ihm in der Küche seines alten Ladens.

Mein Freund Drew kommt in mehreren Kapiteln vor. Wir sind Freunde, seit ich denken kann, und wir haben vieles geteilt. Auf diesem Bild teilen wir uns einen Marshmallow.

Neulich, wir zwei beim Kochen.

Mama ist der Star dieser Geschichten. Sie hat mir so viel übers Essen und darüber, wie wunderbar es ist, für sich selbst und für andere zu kochen, beigebracht. Hier ist sie in der Küche unserer alten New Yorker Wohnung.

Meine Küche war nicht ganz so gut ausgestattet, aber trotzdem ziemlich toll. Ich hatte ein ordentliches Sortiment an Plastikgeschirr. Es ist wahrscheinlich nicht zu übersehen, wie sehr ich meiner Mama nachgeeifert habe.

Meine Mutter und ich sind aufs Land gezogen, als ich acht war. Ich hatte Sehnsucht nach den chinesischen Restaurants in New York, aber die Picknicks haben mich dann doch überzeugt.

Schließlich bin ich auf dem Land angekommen. Hier sind wir auf einem kleinen Jahrmarkt, wo Mama mit ihrem schicken Kürbis einen Preis gewann (den in Wirklichkeit jeder schon allein fürs Teilnehmen bekam).

Bei der Gartenarbeit helfen – oder jedenfalls posiere ich, als würde ich bei der Gartenarbeit helfen.

Mama und ich mit zwei unserer Hühner. Das linke ist Fräulein Benimm-dich und das rechte Fräulein Zehenpicker. Mögen sie zankend in Frieden ruhen.

Mama an einem ihrer Bauernmarktstände.

Ich half jahrelang an den Ständen meiner Mutter aus und verkaufte überall im Hudson Valley Obst und Gemüse und Käse und Blumen.

Hier sieht man, wie ich „aushelfe", indem ich ganz unauffällig die Heidelbeeren verputze, anstatt sie zu verkaufen ...

... und hier sieht man, wie ich ein paar Jahre später „aushelfe", indem ich ganz unauffällig lese (wahrscheinlich hatte ich gerade Pause!) und ein Auge hinter meinem komischen Pony verstecke.

Meine Mutter ist cool.
Sie war schon immer cool.

Wenn ich die Geschichten zurückverfolge, werden die Zusammenhänge, die uns dahin gebracht haben, wo wir jetzt sind, augenscheinlich – die Parallelen zu meinem eigenen Leben und die Ereignisse, die nur meine Mutter erleben konnte.

Essen ist für meine Mutter ein Weg, etwas weiterzugeben, zu verstehen und mit sich selbst und anderen in Kontakt zu kommen. So wie für mich das Zeichnen und Schreiben.

Umso glücklicher bin ich, dass ich diese Elemente in einem Buch zusammenbringen konnte, das unsere Geschichten erzählt – übers Kochen und Genießen.

Ein altes Foto von Mama aus den Siebzigern, als sie grade bei Dean & DeLuca angefangen hatte.

Meine Großmutter, die perlentragende Gurkenflüsterin

Mama als Kind in der Küche

Mama und Papa, kurz nachdem sie nach New York City gezogen waren

Schicke Hose, Papa!

Fünf Jahre vor meiner Geburt im gleichen Viertel, in dem ich das schreibe.

Impressum

RELISH: MY LIFE IN THE KITCHEN

Published by arrangement with First Second, an imprint of Roaring Brook Press,
a division of Holtzbrinck Publishing Holdings Limited Partnership.


Eden Books
Ein Verlag der Edel Germany GmbH


Neumühlen 17, 22763 Hamburg
www.edenbooks.de | www.facebook.com/EdenBooksBerlin | www.edel.com
1. Auflage 2014

Übersetzung: Marion Oechsler
Projektkoordination: Nina Schumacher
Lektorat: Rosanna Motz
Umschlaggestaltung: Trait pour Trait, Paris
Satz: Bon Bon Büro, Berlin
Druck und Bindung: optimal media GmbH, Glienholzweg 7, 17207 Röbel / Müritz



Printed in Germany

ISBN 978-3-944296-45-6